日本文化の形成

宮本常一

講談社学術文庫

目次

日本文化の形成

本書『日本文化の形成』は、宮本常一先生が生前一九七九年から八〇年にかけて構想をたてられ、執筆中であった書き下ろしの〈遺稿〉である。これと並行しておこなわれた日本観光文化研究所での講義（日本文化形成史）を録音から起こし、進行順に従って編集したものが、〈講義1〉〈講義2〉として一九八一年一二月一〇日、そしえてより刊行された。

全体の構成及び章名については、宮本千晴とそしえて編集部が協議のうえ、読者の便をはかって、次のとおりとした。

*第二章の章・節名は原著者によるものとし、第一章・第三章はそれぞれ章節名を付した。

*（　）内容説明及び補足の必要と思われるものを本文中に付記した。

*〔編注〕編集のうえでの補足を宮本千晴とそしえて編集部が協議のうえ挿入した。

*〈補注〉講義でふれなかった部分を「海洋文化と福岡」から引用し補足した。

一　日本列島に住んだ人びと

一　エビスたちの列島

エビスという言葉がある。夷の字を書くことが多いが、蝦夷とも書いた。そして、古くはエミシとよぶことが多かったようで、蘇我蝦夷という人の名はソガノエミシとよんでいる。蘇我蝦夷は蘇我氏の氏長（うじのおさ）で大和（やまと）の飛鳥（あすか）のあたりにいて大きな勢力を持ち、紀元六四五年に中大兄皇子（なかのおおえのおうじ）、中臣鎌足（なかとみのかまたり）らに攻められて、その邸で自殺しているが、それまで大和地方で最も大きい勢力を持っていた。その人がどうして蝦夷を名乗っていたのであろうか。

蘇我一族にはもう一人エミシを名乗る人がある。蘇我豊浦毛人（とゆらのえみし）がそれで、この人はエミシを毛人と書いている。*毛人と書く人には佐伯今毛人（さえきのいまえみし）がある。この人は平安京を造るにあたって功のあった人である。また墓誌（ぼし）を残す人に小野毛人がある。いずれも身分の高い人で、蝦夷や毛人を名乗ることは決して卑称（ひしょう）ではなかった。むしろそのはじめは畏敬（いけい）の念を持って見られていた人たちではなかったかと思う。とくに毛人と書いてエミシとよんだことは、毛が深かったためではないかと思う。もともとこの国土の上に住んでいた人たちは毛深かったのではなかろうか。そして毛の深いような人はたくましく力も強く、多くの人びとに畏敬もされ、信頼もされていたのではなかろうか。

　そういうところへ、朝鮮半島を経由して多くの人びとが渡来(とらい)し、国土統一の上に大きな役割を果たした。朝鮮半島を経由して来た人びとはもともと貧毛の人が多かった。貧毛の人たちからすれば多毛な人はたくましく見えるであろう。毛人と書き、エミシと名乗る人たちの心の中にはそうしたたくましさへのあこがれもあったはずである。そしてその人たちは外から渡来して来た人たちではなく、もともとそこに古くから住んでいた人たちであった。いわば原住民であったわけである。そしてその人たちが文化らしいものを持つようになったとき、その生活手段としたものは狩猟や漁撈(ぎょろう)であった。それぞれの土地に棲息(せいそく)しているものをとってたべるということは、もっとも容易な生活のたて方であるが、とくに海岸近くに住む者にとって貝や魚は重要な食糧資源であった。そして、それをとろうとするためには、獲物の豊富なところを目指して移動することが多かったと思われる。

　縄文式(じょうもんしき)文化といわれる独自の紋様(もんよう)を持つ土器が、ひろく北は北海道から南は沖縄にかけて分布を見たのは、おなじような生産手段による人びとが、この島の上を右往(うおう)

左往していたことにあるのではないかと思う。そんなに右往左往したのだろうかということになると、まずその年数を考えてみなければならない。縄文土器の発生はおよそ一万年ほど前だと見られている。そしてその次の弥生式土器の発達を見るのはいまから二二〇〇年くらい前のことであるから、縄文式文化の時代というのはおよそ七八〇〇年も続いていたことになる。

さて一人の人間が成長して結婚して子供を持つことができるようになるのはだいたい二五歳前後であるから、仮に二五歳を一世代とすると、七八〇〇年は三一二世代ということになる。いまのわれわれが自分の先祖のことについて見るとき、五代六代以前のことがどれほど正しく伝承されているだろうか。私はそのことについて教えていた学生たちによく質問したが、わかっているのはせいぜい祖父、曾祖父の時代までのことであり、高祖父のことについて知る者はほとんどいない。さらにまた一〇代前にどこに住んでいたかについて知る人は稀である。一〇代おなじ土地に住んだということのはっきりしている家は、私の教えた学生の中で一割にも満たないのである。

江戸時代というのは人の移住移動を極力制限した時代であったし、稲作農耕を中心にする生活者は定住率がきわめて高いのであるが、そのような状況と時代の中にあっても、人はなおなしくずしの形で動いていたのである。

三―二世代というのは、一〇世代を三〇倍した長さのものであり、しかも移動についての制限はたいしてなかったと見られる。

もとより、すべての人びとが北の端から南の端まで移動したというようなことは少ない。しかし、ある一か所で移動がはじまると、連鎖的に移動していくものである。縄文式文化の時代のことを見ていくのに江戸時代の例から類推するのは適切ではないが、何らかの参考になるのではないかと思う。昭和三〇年一一月、私は宮城県栗原郡栗駒町の調査にしたがったことがある。そこは栗駒山の東南麓にある村であり、林業と農業を中心にして生活をたてている。栗駒山一帯は国有林になっていて、私の行った頃は落葉樹の繁る原始林であった。その山麓の丘陵地帯は、もとはひろい馬の放牧地があって、そこはムラの共有地になっていた。その丘陵の周辺はやや急な傾斜面になっていて、そこは国有地で杉の植林が進んでいた。谷間には田がひらけていた。

栗駒町のうち旧栗駒村はもと沼倉、松倉の二村からなっていたが、その沼倉村は寛永一八年（一六四一）には戸数四二軒であったといわれるから、いかにも荒涼とした山野であったことがわかる。それが一三六年後の安永六年（一七七七）には戸数一五七軒、人口八九三人で、一戸平均五・七人であった。そして沽却潰（倒産）したものはないといっているから、この頃までは順調に村が発展したように見えるが、それでは四二戸が一五七戸に分家によってふえていったのかというとそうではなくて、五代以上の家は一六戸しかないとある。四二戸がそのまま続いて分家を出したのであれば、五代以上の家が四二戸あってよいはずである。ところが一六戸しかないということは退転するか、絶家（ぜっけ）したものがたくさんあったということになり、そのあとへ他から移住したものが少なからずあったことを物語る。ところがそれから九〇年後の明治元年（一八六八）頃には家は一四二戸に減っている。

そこでこの村の玉山という五〇戸あまりのムラ（いまはダムができて五戸ほどになっている）の一戸一戸について聞いてみると、昔大きな飢饉（ききん）があって、南部地方の食いかねた農民が農地も家も捨てて、南へ南へと移動した。そしてあるいていると、空家になっている家があるので、南の方だから少しは暮らしも楽であろうと、住みついた者が五〇戸のうち二〇戸あまりもあった。飢饉でなくても死に絶える家が次々にあって、そういう家へ二、三男の者が入り込んでいく。だから古い家は少なくて五代、六代とこの地に住み続けているのは五軒ほどであろうか、とのことであった。つまり凶作（きょうさく）などで食えなくなると、その土地を捨てて南の方へ移動していく。一方、北の方からやって来る人があって空家へ住みつく。

このような話は青森県三戸（さんのへ）あたりでも聞いたのだが、三戸から北になると、凶作のあとはまるで無人の境になる。三本木に近い高清水というところは、天明の飢饉（一七八三年）のときは名主の家が一軒残っただけで、あとは死に絶えるか退転したという。ところが世の中がおちつくと、どこからともなく人がやって来て住みついた。これはかならずしも北の方から移動して来たのではない。

さらにその北の下北半島では天明の飢饉のときは、尻屋、尻労、岩屋などという半島東北隅のムラはほとんど死に絶えた。そして旧家は田名部という半島の首邑へ移住した。そのようにして無人の境同様になっていたが、沿岸でイワシがとれることから、南の方から沿岸伝いにやって来てイワシをとり、その油をしめ、油は灯油として売り、イワシのしめ粕は肥料にする。それを大阪あたりから買いに来る船もあり、南の方から来て住みついた家も少なくないという。そこで二、三のムラで、一軒一軒について話を聞いてみたのだが、よくわからない。しかしイセキをついだという言葉は残っている。イセキは一跡とか遺跡とか書いており、空家・絶株になったあとをついだものである。「家は古いけれども自分たちは血のつながった子孫ではない」という人が多いのである。

ところが、そういう家は秋田県下をあるいてみるとずいぶん多い。屋敷内に古い墓があるから古い家かと思って聞いてみると、「家は古いのだが自分たちが住むようになったのは新しい」という話を、秋田の仙北平野をあるいていてずいぶん聞かされた。しかしこれは村の住民の交替についてしらべるのを目的としたものでなかったから、数字でこれを明らかにすることはできなかったし、下北から宮城にかけ、このような状況をたしかめてはいない。

しかし住民が交替していくことは、日本の民衆の歴史を明らかにしていく上にきわめて重要なことであるからできるだけ注意しているのであるが、それを明らかにすることのできるような資料や伝承はきわめて少ない。しかし宗門人別帳の残っているところや、過去帳の整っている寺のあるところなどは、現在の家と何年か前の家とを比較してみることができる。そこでそのようにしてしらべたところは何十か所かあるが、いまから二九〇年前、すなわち元禄（一六八八―一七〇四）頃にあった家が、そのまま現在まで続いているという例はきわめて少ない。元禄時代を目安にしたのは、その頃から寺々の過去帳が整って来るのである。それまでのものは死者のあるたびに記録するということは少なかったようである。

そこで元禄頃に出て来る死者が、どこの先祖であるかについてしらべてみるときわめてあいまいになる。昔は百姓は苗字を持たないからわからないのがあたりまえだ、というけれど、新しい方からたどっていくと、大半はわかって来るものである。それに家々の墓もあるから三〇〇年前くらいまでは何とか明らかになるが、三〇〇年も続いている家系というのは、三〇〇年前の住民のだいたい一割程度というのが普通のようである。あとは他へ移っていったか、絶えたかである。そして、その絶えたあとへ誰かが入り込む、というのが多いのであるが、中国山地などでは凶作があって大きく人の移動が見られる例もあるが、いつの間にか人が死んで絶えた家へ、どこかの二、三男が入ってあとをついだというものがかなりの数にのぼっている。

さきにもいったように凶作などで北から南への移動というのは大きかったと思うが、南から北への移動も多かったのである。その中には陸地を移動していった者も多かったであろうが、海岸伝いに魚や貝類を求めて、北へ北へと移動していった者も少なくなかった。船を利用しさえすれば、その移動はそれほどむずかしいことではなかった。それは海人(あま)たちが南から北へ移動した足跡をたどってみるとよくわかる。そればかりではなく、さらに時代が下った頃にも、人の移動は絶えずおこなわれていたことを物語るものに神社の分布がある。たとえば東北地方の太平洋岸には鹿島(かしま)御子神をまつった社(やしろ)が少なからずある。これは常陸(ひたち)の鹿島神宮を信仰する人たちの北上を物語るものであろう。さらにまた熊野(くまの)神社にいたってはもっと濃く分布を見ており、これらの神をまつる者は南の方から来たという伝承を持っている者が少なくない。

鹿島系の神社はすでに『延喜式』（延長五年・九二七年完成奏上）にその名が見えており、しかも八社にのぼっているのであるから、それ以前に多くの人びとの北上が考えられるのである。それをエゾ平定のためとも考えるが、さきにもいったように一か所で移動が起こると、それにつれて環流的に移動の見られたであろうことも想定してよいことであろう。そしてそのような環流がおこなわれつつ近世に及んだものであろうが、近世に入ると、大名の領国制がきびしく布かれて人の移動は著しく制限されるようになる。にもかかわらずさきにあげたように飢饉などが起こると、人びとは移動せざるを得なかった。

近世に入って今日まで一五世代であるが、一五世代でもそれほど移動が見られるのであるから、縄文文化時代三一二世代の間にはどんなに大きな移動が見られたであろうか。

これらの移動には北端の人が南端まで一世代のうちに移っていったという例もあろうが、世の中が静穏であれば、人びとはそれぞれほぼおなじような生活条件を持つところに、おなじような生活をたてていたのではなかっただろうか。それが地域によって土器の形にいろいろの差を生み出していったのであろう。しかしそれは相互に交流しあったものと思われる。たとえば縄文早期には全国ほぼ共通して、底のとがったいわゆる尖底土器の分布を見るのであるが、北海道だけは、尖底土器の前に平底土器のおこなわれていた一時期があった。ついで尖底になるのであるから、はじめ平底であったのが、他地方から尖底土器の手法が入って来て、平底から尖底にかわったものだろうと思う。

　さて、そこでもういちど考えてみたい。縄文文化時代というのが七八〇〇年も続いたとして、それを、われわれはいま、早期・前期・中期・後期にわけ、さらに続縄文という時代を設定しているが、それらがほぼおなじくらいの年月を持ったものであるということになると、ひとつの期間が実に一〇〇〇年をこえることになる。一〇〇〇年は四〇世代なのである。いくら気の長い人たちが住んでいたといっても、また作業能率がわれわれよりもはるかに低く、作業用具も貧弱であったといっても、土器を作るような作業は縄文時代もいまもあまりかわりがなかったのではないかと思う。同時に一年の長さはいまも昔もかわりはない。そうしたことを考慮に入れてみると、一〇〇〇年はやはり長い歳月であり、その間にいろいろの変化が見られたのであった。

　そしておなじ尖底土器といっても長野県を境とする東部では貝殻などで紋様をつけ、あるいは条痕や沈線によって紋様をつけたものが多い（擦文）。これに対して西南の土器には押型文が多いが、それらは関東・中部地方で東北型のものと交じりあっている。だからたがいに影響のあったことはうかがわれる。

それでは日本列島に住む人びとは、なぜ尖底の土器を持ったのであろうか。つまり、なぜ土器を必要としたか、について考えてみたい。土器は日本列島以外にもあった。だが日本のように豊富ではないようである。あるいは豊富であるのかも知れないが、日本以外では発掘調査がそれほど進んでいない。日本の原始時代に土器が多かったのは土器を必要とする生活があったからであり、土器はおそらく物を煮るのに利用したものであろう。物を煮るとは主として食うものを煮たと考えて差し支えない。それではどういうものをたべたか、ということになる。魚肉や獣肉は焼いてたべることができる。むしろ焼くことによって味もよくなる。それでは煮てたべるものに何があったであろうか。まず貝類が考えられる。煮ることによって二枚貝なら蓋をひらく。貝類が豊富で多くの貝塚を残している縄文人たちは、貝は煮てたべたに違いない。

そのほかに何があっただろうか。それは植物性のものが多かったのではなかろうか。野生の果穀類も草本・木本科の葉や幹や根なども、そのままでは食えない。煮ることによってアクをぬき、またやわらかくすることができたのではなかろうか。豊富な海藻類も煮ることによって食用化したものが多かったと考える。つまり、煮ることによって食用にすることのできる動物や植物が多く、それが土器を発達させていったといってよいのではなかろうか。

金子浩昌氏の「貝塚と食料資源」（『日本の考古学』「Ⅱ縄文時代」一九六五年、河出書房新社、所収）によると、食料資源となった動植物は五七六種類、それをさらに分類してみると、

軟体動物	三五三
節足動物	八
棘皮動物	三
脊椎動物	一八五
魚類	七一
両棲類	一
爬虫類	八
鳥類	三五
哺乳類	七〇
植物種	二七

となっている。そしてその中でも貝類が多くたべられたことは貝塚が多数残していることでもわかるのである。その貝塚はとくに網走湖(あばしりこ)付近、噴火湾付近、下北(しもきた)、上北(かみきた)地方、三陸海岸、仙台湾沿岸、磐城(いわき)海岸、関東南部、三河(みかわ)湾、伊勢湾、瀬戸内海沿岸、豊後水道(ぶんごすいどう)、九州西海岸などに多く、日本海岸は少ない。干潟(ひがた)になるところが少ないためであろう。

さて、そのたべられた貝について見ると、

北海道	カキ、アサリ、ハマグリ
下北半島・上北	タマキビ、スガイ、イシダタミ、ヤマトシジミ、サルボウ、ハマグリ
三陸海岸	クボガイ、チヂミボラ、アサリ、イガイ、カキ
仙台湾	アサリ、シジミ、ハマグリ、タニシ、カキ
磐城海岸	アサリ、ハマグリ、ヤマトシジミ、スガイ、カキ、ダンベイキサゴ
関東	ヤマトシジミ、チョウセンハマグリ、ハイガイ、マガキ、イシダタミ、スガイ、サザエ、ハマグリ、オキアサリ、イボキサ

ゴ、ダンベイキサゴ
伊勢湾　ハマグリ、アサリ、アカニシ、ハイガイ、マガキ、イタボガキ
瀬戸内海　ハマグリ、ハイガイ、ヤマトシジミ、カキ、マガキ、スガイ、イボウミニナ
豊後水道　カキ、スガイ、ハマグリ、カワニナ、カノコガイ
九州西岸　カキ、サザエ、ハイガイ、シジミ、カワニナ
日本海岸　ヤマトシジミ、コタマガイ、ハマグリ、スガイ

などが多く、地域によって多少ずつの差がある。これを全般的に見て、多くたべられたものをあげてみると、(一)ハマグリ、(二)カキ、(三)アカニシ、(四)サルボウ、(五)オキシジミ、(六)シオフキ、(七)ハイガイ、(八)ツメタガイ、(九)アサリ、(一〇)オオノガイが一位から一〇位をしめ、そのほかに、カガミガイ、ウミニナ、ヤマトシジミ、イボニシ、イボウミニナ、バイ、イボタガキ、ニホンシジミ、マテガイ、アカガイなどがある。

貝とともに多くたべられたものは魚であったと思われるが、これは内湾ではクロダイ、スズキ、ボラ、コチ、フグなど、外洋に面したところではサメ、マダイ、メバ

ル、イシダイ、ブダイ、カンダイ、カワハギなどのような根つきの魚が多く、回遊魚のマグロ、ブリ、カツオもとられている。また川ではサケ、マスが多くとられた。海に遠く海棲(かいせい)動物をとることのむずかしいところでは狩猟がおこなわれたが、それもイノシシ、シカ、クマが多く、鳥はそれほどとられていないという。

植物性のものは種類は少ないが、たべた量は多かったのではないかと思う。魚や獣類の肉は多く焼いてたべたと思うが、全般としては煮るものの方が多かったと考えてよい。そして食物の得やすいところに人は多く住んだのではなかろうか。関東・北陸から東北にかけての川には、マスやサケが産卵のためにのぼって来る。そのマスやサケをとって乾(かわ)かしておいて食糧に供することも多かったと考える。そして縄文文化時代には、西南日本よりも東北日本の方が食糧が豊富ではなかったかと思われるのである。

いまひとつ縄文文化時代のさらに前、すなわち無土器文化といわれた時代に日本列島の上には弓は存在しなかったようである。狩猟の発達するのは弓を持つようになってからであるが、その弓はいったいどこから日本列島にもたらされたのであろうか。

古くは朝鮮海峡も陸続きであったというから、そこを経由して来た文化かもわからないが、先土器時代の北海道の石器は東シベリア各地の石器と共通するものがきわめて多く、シベリアの文化と密接な関係のあったことが次第に明らかになって来ており、東シベリアとの間には人の往来もまたあったと見てよいかと思う。とくに北海道東北部はシベリアとの関係が深かったようで、おなじルートを通って弓も北海道に入り、それが東北各地へひろがっていったものではなかろうか。北海道東部に見られる石刃鏃（せきじんぞく）とよばれる石器は石鏃（せきぞく）への移行を物語る利器ではないかと考える。

このようにして狩猟・採取を主とした文化は日本では北方に発達し、そこに多くの人びとの居住が見られるようになった。北海道網走の西の常呂（ところ）町には未発掘の住居址（あと）だけでも一万五〇〇〇にのぼるという話を聞いたが、それが事実ならば縄文文化時代の人口は北海道を含む東北日本（関東を含む）に密度が高かったといってよい。そして技術的にも東北日本の方が高かったのではなかろうか。骨製や角（つの）製の釣鉤（つりばり）や銛（もり）などの多く用いられていたことなどから考えても、西南日本との文化の上にはかなりのひらきがあったと見てよい。

これに対して西南日本はどうも遺跡の数などからして、東北日本に比してそれほど多くないようである。

さて、このような文化がエビスの文化であったと見てよいのではなかろうか。

古いことと新しいことを同じような次元で考えていくのはいろいろ問題もあるであ

ろうが、周囲を海にかこまれて、日本へ入り来る人たちのルートがほぼきまっていると、いまも昔もたいして差のないような移住と定住の形式が長く見られたのではなかったかと考えるのである。

しかも毛深い人は強かった。『日本書紀』の神武天皇の条に、

エミシヲ ヒタリ モモナヒト ヒトハイヘドモ タムカヒモセズ

という歌が見えている。夷というのは一人で一〇〇人分の力を持っているというが、手向かいしないというのである。この夷も大和のあたりに土着していた人びとであろう。大和を中心にして征服者による国家が成立して来ると、エビスたちも次第にその政権に属し、また新しい文化の光にあたって変化をとげはじめるのであるが、すべての人たちが一様に新しい文化の光にあたったのではなく、なお在来の文化のままの生活をしている地域も少なからずあり、東北地方はそういう地方であったと考える。

『日本書紀』の景行天皇四〇年の条に、

東夷の中に、蝦夷是れ尤だ強し。男女交居て、父子別無し。冬は則ち穴に宿、夏

　は則ち樔に住む。毛を衣き血を飲みて、昆弟相疑ふ。山に登ること飛禽の如く、草を行ること走獣の如し。恩を承けては則ち忘れ、怨を見ては必ず報ゆ。是を以て、箭を頭髻に蔵し、刀を衣の中に佩けり。或は党類を聚めて辺界を犯し、或は農桑を伺ひ以て人民を略む。撃てば則ち草に隠れ、追へば則ち山に入る。故れ、往古以来未だ王化に染はず。

とあり、東国から東北にかけてはまだ農耕にしたがわず、縄文文化時代以来の狩猟・採取をしていた人びとの多かったことを、この記述を通して知ることができる。そしてこの人びとの住むところを日高見の国といった。

その強いことと、農耕にしたがわないことから、大和朝廷成立後はむしろ夷は異端視されるようになったと見てよいようである。

それでは、エビスというのは東北地方にだけいたものであろうかというに、そうでもなかったようで、西南日本にも、大和のあたりにもエビスはいたようである。『古事記』や『日本書紀』は、昭和二〇年の敗戦以来、多くの歴史学者によって神話や伝説を記録したもので、歴史的に見て価値の乏しいものであるようにいわれて来ていたが、最近はまたその見直しがおこなわれるようになって来つつある。そこで、これらの書物をたよりに見ていくと、右のようなことが推定されて来るのである。『日本書紀』では、天照大神（あまてらすおおみかみ）の孫、ニニギノミコトが高天原（たかまがはら）から日本へ下って来るのについて、まずタケミカヅチ・フツヌシという二人の神を出雲（いずも）へやって、そこにいるコトシロヌシにつげると、コトシロヌシはそのとき魚を釣っていたが、海の中に八重蒼（やえあお）柴垣（ふしがき）を造り船枻（ふなのへ）を踏んでその中にかくれた。それは抵抗しないことを示したものであるという。

　このコトシロヌシを、後世の人はエビス神としてまつっている。とくにこれをまつっているのは、古くは漁民仲間が多い。そして漁民たちはすでに日本の沿岸に多数住みついており、漁民もまたエビスであった。そして西南日本のエビスも天孫（てんそん）に国をゆずっているのだから、天孫民族とは別で、それ以前からこの国にいたことになるが、この方はその統率者が神にまつられているのである。おそらく早く大和朝廷に服従したからであろうか。

　ところがコトシロヌシという神は、奈良県の山中にも古くまつられていた。『延喜式』という書物を見ると、大和葛上（やまとかつじょう）郡に鴨都味波八重事代主命（かもつみはやえことしろぬしのみこと）という神がまつられている。葛上郡はいま葛城（かつらぎ）といわれているところで、そのあたりにはもと鴨とよばれる部族が住んでいた。のちに山背（やましろ）（城）に移って賀茂と書くようになるが、もとはその字のごとく鴨をはじめとして鳥類を捕えることを生業としたもので、やはり狩猟民であったと思われる。その人たちのまつった神にコトシロヌシがあり、土地の人は今日エビス神としてまつっている。

このようなことから考えあわせてみると、古くから日本列島に住んでいて、狩猟や漁撈にしたがっている人びとがエビスとよばれたのではなかったかと思う。そうして、そののちに日本列島を統一し、支配した民族とよく接触したエビスたちは、自分たちの統率者を神としてまつったが、大和朝廷の支配者たちと比較的接触の少なかった東北のエビスたちは、エビスという言葉が、未開を意味するようにとられるにいたったのであろう。

ところで、事代主神(ことしろぬしのかみ)をエビスというようになったのはいつ頃からのことであるか明らかでないが、事代主はそのはじめ、単に漁民だけに尊崇(そんすう)された神ではなかったようである。『延喜式』の「神祇(じんぎ)九」に見える宮中神三十六座のうち、御巫(みかんなぎ)の祭神八座の中に事代主神があるから、事代主神は早くから宮中でもまつられるようになっていたことがわかる。

と同時に、古くは狩猟神としてもまつられていたのではないかと考えられるのである。ということは、おなじ『延喜式』「神祇九」の大和国二百八十六座のうちに葛上郡に鴨都味波八重事代主神社があり、高市郡に高市御県坐鴨・事代主神社という神社があるのが気になるのである。鴨はのちに賀茂と書くようになり、京都の賀茂神社が賀茂県主たちにまつられるようになるが、もとは大和の葛城地方にいた鴨部たちのまつった神であろう。鴨部は鴨をとる人たちの集団ではなかったかと考える。ただし鴨だけとったのではなくひろく狩猟をおこなっていたものであろう。しかし鳥猟を多くおこなったことから鴨部とよばれたかと思われるが、その鴨部の神に事代主が同時にまつられていることは鳥もとるが魚もとっていたことを物語るものではないかと考えるのである。狩猟・採取といっても東日本と西日本では少し様子が違っていたのではなかろうか。

東日本では貝類やイノシシ、シカ、カモシカ、クマなどをとって食糧とすることが多く、中部以西になると、鳥をとることも多かったかと考える。それをとるために弓などを多く使用したであろうが、鳥は夕方になると眼が見えなくなることから、網を張ってこれをとることが多かったと思う。そうすれば鴨のようなものも大量にとることができる。

その網は川などに張っておけば魚をとることもできる。狩猟をいとなむことのできる者は漁撈をいとなむこともでき、狩人はまた漁民であることも可能であった。

このように狩猟にしたがう者も、縄文文化の流れを汲む人びとであったと考えるが、これらの仲間は比較的早く大和朝廷を成立させた農耕文化の中へ繰り入れられたのではなかろうか。そしてこのようなエビスたちは鴨部とよばれるようになり、鴨を神としてまつったのではないかと考える。『延喜式』の中の鴨・賀茂などの名のつく神社と、鴨・鴨部または賀茂を郷名とする分布を見ていくと次のようになる。

	神社	郷名
関東	上野山田郡	安房長狭郡
	常陸新治郡	
中部	伊豆賀茂郡	三河宝飫郡
	三河賀茂郡	三河設楽郡
	佐渡賀茂郡	越前丹生郡
	加賀加賀郡	
	美濃安八郡	
	美濃賀茂郡	
近畿	伊勢度会郡	丹波氷上郡

伊勢員弁郡
山城相楽郡
河内石川郡
河内高安郡
河内渋川郡
和泉大鳥郡
摂津島下郡
摂津河辺郡
播磨賀茂郡
淡路津名郡
備前赤坂郡
備前津高郡
備前児島郡
隠岐周吉郡

中国

播磨賀茂郡
淡路津名郡

伯耆久米郡
伯耆会見郡
出雲能義郡
隠岐周吉郡
美作勝田郡
美作苫東郡

備前津高郡
安芸賀茂郡
安芸山県郡
讃岐寒川郡
讃岐阿野郡
伊予新居郡
伊予越智郡
土佐土佐郡

四国
阿波美馬郡
讃岐阿野郡
土佐幡多郡

この表を見ていろいろのことを教えられる。まず、カモ郷やカモ神社のないところが、東北と九州である。これは渡り鳥と深い関係があるように思われる。鳥のわたりの多いのは関東、中部、近畿、中国である。

次にカモ神社・カモ郷は海からはなれたところに多いが、西日本へ行くと海岸にも多く見られるようになる。あるいは、これは狩猟を主としていたものが漁撈をおこなうようになったためかと考える。そして、西日本では海岸には海人部（あまべ）も多くなって来る。

このように、狩猟を主として生活をたてていた人たちも関東・中部以西では捕鳥をおこない、捕鳥の技術、とくに網を用いることは水中でもおこなわれ、漁撈にもかかわりを持つようになったのではなかろうか。

捕鳥を主とする部民には鳥養部（鳥飼部）もあった。そこで鳥取郷のあったところを『倭名抄』（承平年間・九三一―九三八成立）で見ると、河内大県郡、和泉日根郡、丹後竹田郡、越中新川郡、備前邑久郡、肥後合志郡にあった。これはあるいは捕鳥を主にして成立した部民であったかと考える。

このように早くから土着していた者を『日本書紀』『風土記』では国樔、または土蜘蛛といっている。土蜘蛛とよんだのは竪穴住居に住んでいたためではないかと思うが、狩を多くおこなっていた。そして『豊後風土記』や『肥前風土記』を見ると、いたるところに土蜘蛛がおり、その人びとは農耕にしたがうこと少なく、肥前値賀島（五島）にいた海人は容貌が隼人に似、つねに騎射を好んだとあり、値賀の島にはまた土蜘蛛がいたとあるが、これは海人と同じものではなかったかと思う。西の方では土蜘蛛も海人もほとんどかわりはなかったようだが、ただ海人の中には漁撈のみをいとなむ者と、狩もおこない、漁撈もおこなうという者との二つの系統が見られ、狩と漁撈をいとなむ者が、縄文文化の伝統をうけつぐ者ではなかったかと考える。

いいかえると、日本列島は古くはエビスや土蜘蛛たちの世界であり、土蜘蛛もまたみずからをエビスとして意識し、そのまつる神をエビス神とよんだものであろう。もとよりこれはひとつの仮説にすぎないのであるが、縄文の土器は作らなくなっても縄文式の生産・生活様式はなお持続されていたものであろう。

しかし関東以西では新しい大陸文化に大きく支配されるようになり、仁徳天皇の頃、すなわち四世紀の終り頃には、エミシの生活も大きくかわりはじめていたと見てよいのではなかろうか。

そして、大陸文化の影響をうけ、早く統一国家を形成した者には古くからの文化をそのまま持続して来た人びとが次第に異種異民として映って来たのではなかろうか。その人たちをとくにエゾとよばねばならなかったのは、エビスという言葉が民衆社会にひろく生きていたためではないかと思う。

「久安六年（一一五〇）御百首」に、

えぞがすむ　つがろの野辺の萩盛り　こやにしきぎの　たてるなる覧

という歌がエゾという言葉の初見とされているが、それは今日のアイヌをさした言葉と考えなくてもよいのではなかろうか。

ちくま文芸文庫版注

＊蘇我蝦夷と蘇我豊浦毛人は同一人物であり、著者の記憶ちがいであろう。蝦夷ほどの権力者の名が、毛人と表記されることがあることに特に注目したと思われる。

二　稲作を伝えた人びと

しかし、日本列島の上に統一された国家が誕生するまでの間、古い縄文式文化がそのまま続いていたのではなくて、われわれは北海道を除いて弥生式文化の洗礼を一度うけている。それは稲作を主体としたもので、西紀前三〇〇年頃から西紀三〇〇年くらいまでの間、およそ六〇〇年にわたって展開した文化であった。

もともと、この列島の上には稲作はおこなわれていなかった。稲作は大陸から渡来したものであるが、それも華北から朝鮮半島を南下して日本にもたらされたものではなく、中国の沿岸から朝鮮半島の南部を経由して、日本にもたらされたものではないかと見られている。そして、それを物語るような遺跡が北九州で発掘されている。福岡県粕屋郡新宮町に夜臼というところがある。そこから縄文系の土器が発掘されているが、この土器は弥生初頭の土器を共伴することで、縄文から弥生へ土器の変化する過程を知ることができる。

ところがその夜臼式の土器を出す島原半島原山支石墓群の土器の破片に、籾の圧痕のあるものが発見された。すると縄文晩期の頃には、北九州に稲が渡来していたことになる。

一方、昭和二六年から福岡市板付遺跡の発掘がはじまった。それは弥生初期の稲作の遺跡をたしかめるためのものであったが、昭和五三年四月にその遺跡のすぐ隣の田圃に人家が建つことになって、緊急調査がおこなわれ、弥生初期の層からさらにその下の夜臼式土器の出る層まで掘り進んでいったところ、籾の圧痕のある土器、水田、水田の畦道、一〇〇粒をこえる炭化米の出土を見た。とくに興味ぶかいのは、水田面に残された人間の足跡である。この水田はぬかるみではなく、収穫時には足跡を残す程度に乾く乾田だったということである。そしてそこから出て来た米粒も、ジャポニカ系の短粒米であった。

弥生式文化初期の稲作をともなう遺跡はいまのところ北九州に多いようで、現在の状況からすると、日本の稲作は北九州に起こったといってもよいのではないかと思う。そしてその米は朝鮮半島からもたらされたものであろうが、その米作は朝鮮半島を北から南へ下って来て海をわたって日本列島にもたらされたものではないようである。朝鮮北部には今日まで稲作の古い遺跡は発見されていない。

そうすると稲作はどのようなルートを通って日本に伝わって来たのであろうかとい

うことになる。

その前に、日本へ最初に渡来して来た稲が短粒系のものであり、その後も長く短粒系の稲が多く作られたということが、日本の稲作の歴史を見ていく上に重要な問題を提起している。短粒米はオリザ・サチバ・ジャポニカとよび、長粒米をオリザ・サチバ・インディカといっており、この二つの系統の稲は一見してともに稲であることがわかりながら、両種を交配させると不稔性のものができて交雑化することが少ない。したがって二つの稲の系統を追ってその伝播のあとをたどることもできる。それについて京都大学の渡部忠世博士の『稲の道』（一九七七年、日本放送出版協会）という書物は実に大きな示唆を与えてくれる。渡部博士は南アジアの国々の古い煉瓦の中に含まれている籾がらに目をつけた。煉瓦を作るにあたって、土をかためるために籾がらを入れる風習が古くからあったという。そこで古い建物の煉瓦をとって、その中に含まれている籾がらをしらべるなら、どんな種類の稲がその付近で作られていたかがわかるわけである。これは日本の民家の壁土に藁を切ったものを混ぜることにもつながるものであると思うが、煉瓦の中の籾がらに着目したことはすばらしいことであったと思う。そのことによって渡部博士は各地の煉瓦をしらべ、その時代と稲の種類を検討していった。これは日本の稲作の普及を見ていく上にも重要な参考になるので、いましばらく渡部博士の書物から私の読みとったことを簡単にのべてみたい。渡部博士は籾がらの形を見て、ジャポニカ、インディカとわけるだけでなく、ラウンド・タイプ（A型）、ラージ・タイプ（B型）、スレンダー・タイプ（C型）の三つにわけ、ラウンド・タイプは日本、中国、朝鮮などに多く作られているジャポニカ、ラージ・タイプは現在はインドネシアに分布するものでジャバニカといわれたこともあり、各地の陸稲（りくとう）はこの型が多いという。スレンダー・タイプは熱帯アジアの典型的なインディカ・タイプであるという。

さてこれらの稲はおなじ地域におなじような品種が作りつづけられていたかというと、かならずしもそうではなく、たえず変化を見ていたようである。たとえばインドシナ半島の古い遺跡を見ると、そこで見かける籾がらはラウンド・タイプが多いという。そして一〇世紀の頃には、タイ、ビルマではラウンド・タイプの稲が全般的に多く作られていたのではないかと思う。

それが一一世紀から一五世紀へかけては、ラウンド・タイプとラージ・タイプがほぼ半々くらいになり、スレンダー・タイプの稲が次第に分布圏を拡大していく。そしてさらに一六世紀以降になると、スレンダー・タイプが圧倒的に多くなって来るのである。

さてタイにおけるラージ・タイプの稲は、一六世紀以降になっても北部と西部の山岳地帯に見られ、それは陸稲として栽培されたものであることが確認されるという。もともとタイにおける陸稲はいまから一五〇〇年ほど前にはじまるが、一六世紀に入ると山地の焼畑の作物として残存するにいたった。

　このラージ・タイプの稲とともに分布を見ていたラウンド・タイプの稲は古い在来のモチ稲品種群であり、稲作の古い歴史を持つ地域では多かれ少なかれ、モチ稲の栽培が見られたという。そしてモチ米は、原理的にわが国の蒸籠とおなじような用具で蒸してそのままたべる場合と、餅としてたべる場合とがある。そしてインドシナ半島に存在するジャポニカ類似の稲は、そのルーツをたどるとメコン川にそって雲南に通じている。その雲南については丁穎博士が次のように指摘している。

> 粳稲（粳・ジャポニカ）は広西、雲南、貴州省などの高原地区において三〇〇〇余品種も栽培されていて、その地理的な分布は秈稲（インディカ）と異なっている。この点は雲南高原でもっとも明確に見られる。雲南省農業科学研究所が雲南省の秈および粳稲の垂直分布を調査した結果によれば、海抜一七五〇メートル以下は秈稲地帯、一七五〇―二〇〇〇メートルは秈と粳の形態特徴が交錯する地帯、二〇

〇〇メートル以上は粳稲地帯である。一般には、秈稲地域の年平均温度は一七度以上であり、粳稲地域は一六度以下である。（一九六四年北京シンポジウム報告）

すなわち粳と秈は温度の上で栽培地域に差が見られるのであるが、いまひとつ粳は半乾半湿の地帯に多く作られ、秈は低湿地に多く作られている。

以上が渡部博士の著書から要点を引用したものであるが、日本の稲がそのはじめに渡来したものがラウンド・タイプのもの（粳）であり、その原産地がヒマラヤの東および東南麓地であるとすると、そこから流れ出ている川は揚子江、西江、メコン川、チャオプラヤ川、イラワジ川、ブラマプトラ川などがある。そのうち日本へ深いかかわりあいを持つものは、揚子江ではないかと思われる。その支流の上流地域で栽培されはじめた稲が河口付近に伝播し分布することになるまでには、およそ四〇〇〇年近い歳月を要しているのである。そしてそこからどのようにして日本へもたらされたものであろうか。

日本へ稲作が渡来し、その稲作の遺跡が乾田であったということと、短粒稲の作られたということはふかいかかわりあいがあると思う。短粒稲は乾田栽培に適していたからである。そこで日本における稲作の普及も低湿地帯よりも傾斜地やデルタの、水を注げば田になり、水を落とせば乾くような土地が多く利用されたことを見落としてはならないのである。

二　日本文化に見る海洋的性格

一　倭人の源流

　ここでは日本文化の基盤をなしている縄文文化についてはしばらくおいて、その次に展開する弥生(やよい)文化を稲作(いなさく)を基底とした文化と理解し、その稲作がもともと日本になかったことは今日までの学問の成果がこれを物語るものである。それでは稲作はどこからもたらされたかというに、その原産地である東南アジアを想定し、そこからの渡来経路を考えざるを得ない。

　そして日本における稲作が西紀前四世紀の頃であるということになると、それ以前の中国および朝鮮半島の状況をまず一通り知っておく必要があるが、ここでとくに重要なのは中国の状況である。なぜならそこが稲作の中心地であったからである。

　中国で最初に成立した王朝は夏(か)であるといわれており、夏人はもともと東南アジア系の人びとで夷(い)とよばれていたという（以下、岡田英弘『倭国(わこく)』一九七七年、中央公論社、によって述べる）。

夏人は……東南アジア系の原住民の出身で、南方から舟に乗って河川を溯ってきて、秦嶺山脈にぶつかったところで舟を下りて、そこに商業都市を建設し、北方の狩猟民や遊牧民と交易をした。それが発展して、黄河の南岸の洛陽盆地に首都を置き、支配下の諸都市と水路で連絡する国家にまで成長したもののようである。

その証拠に、歴史時代に実在した夏人の都市は、すべて秦嶺山脈の南麓の舟着き場にある。河南省杞県には、紀元前四四五年まで、夏朝の後裔という杞国があったし、同じく河南省禹県は、紀元前一世紀になっても夏人の町として有名だったが、どちらも淮河の支流の上流にあり、ここから舟で東南に下れば、淮河デルタと長江デルタの湖沼と分流のからみ合いを利用して、杭州湾まで内陸を航行することができる。禹県の西南方の河南省南陽市も、紀元前一世紀にまだ繁栄していた夏人の大商業センターだし、さらに西方の陝西省の漢江渓谷の西端の褒城は、夏の一族の褒国のあったところ……。

つまり、南から来た夏人が河川を利用し、淮河をはじめ長江筋に多くの植民都市をつくったことがわかる。この夏人たちは祖先神として蛇身の水神、すなわち竜をまつった。

ところが、北方では、夏・殷・周をはじめ、早くから国家的な結合が見られていたが、揚子江から南の地域には容易に国家は生まれなかった。この地方に国家が形成されるようになったのは紀元前五世紀の頃で、呉と越がそれである。越人は夏の王の後裔だといっており、杭州湾南方の会稽山には禹王の墓があり、越人の聖地になっている。

ところで越人は揚子江から南の主として海岸地方に居住し、体に入墨をし、米と魚を常食とする海洋民族だったと岡田氏はいっているが、越人の習俗は倭人と最も近いものであり、倭人は越人の一派に属するかとも思われ、呉もまた日本と深いかかわりあいを持っていた。

それらのことは、『魏志』の「倭人伝」や『日本書紀』などによってうかがうことができる。倭人と越については『東アジア民族史1』（一九七四年、平凡社・東洋文庫）に現代語訳されたものが載せられており、理解しやすいので左にかかげてみよう。

……〔その昔〕夏〔王朝の第六代の皇〕帝少康の子が会稽（浙江省紹興市地方）に封ぜられた時、断髪し入墨(文身)して蛟竜（みずち）の害をさけ〔身体を守っ〕た。いま倭（わ）の水人が水中にもぐって魚や蛤（はまぐり）を捕えるのに入墨するのは、〔少康の子と同じように〕大魚や水鳥の害を防ぎ〔身体を守る〕ためである。しかし今ではそれが次第に飾りにもなっている。〔倭の〕諸国ではそれぞれに入墨の仕方も異なり、或（ある）いは左に、或いは右に、或いは大きくし、或いは小さくし、また尊卑（そんぴ）〔の身分〕によって〔入墨に〕違いがある。〔帯方郡からの〕道里を計算してみると、〔倭は〕ちょうど会稽〔郡〕東冶（とうや）〔県〕（東冶県とすれば福建（ふっけん）省福州付近）の東方〔海上〕にあることになる。（中略）〔その産物や風俗・習俗の〕有無の状況は、儋耳（たんじ）（広東（カントン）省海（かい）南（なん）島。現在、海南島は海南省に昇格）や朱崖（しゅがい）（広東省海南島）と同じである。

この文章からすると、この書の著者は越と倭との間にかかわりあいのあることを想定して書いているように思われるのである。そしてここにいう倭人と、日本に古くから住んでいる縄文文化人とはかならずしも同一ではないと見てよい。

　それでは倭人とはどういうものであったかを考えてみなければならない。おなじく『魏志』の「倭人伝」には次のようにある。

（前略）一つの海を渡り、千余里行って末盧（まつろ）国（佐賀県松浦郡）に到着する。人家は四千余戸あり、〔人々は〕山裾や海浜に沿って住んでいる。草木が繁茂して、〔道を〕すすんで行っても前に行く人の姿を見ることができない〔ほどである〕。〔この国の人々は〕魚や鰒を捕えることが得意で、水の深浅に関係なく水中に潜ってはそれら（魚やあわび）を捕えている。（中略）

〔倭の〕男子は、大人・小人の〔身分の〕別なく、みな顔や身体に入墨している。古くから、倭の使者は中国に来ると、みなみずから大夫と称している。（中略）

倭人の風俗は規律正しく、男子はみな冠をかぶらず木綿で頭を巻いている。その衣服は横幅の広い布で、ただ結び束ねているだけで、ほとんど縫っていない。婦人は〔夷狄風に〕髪を下げたり、髷を結ったりしており、衣服は単衣のように作り、衣の中央に穴をあけてそこに頭を貫して着ている。人々は稲や麻を植え、桑を栽培し、蚕を飼って糸を緝績ぎ、細麻や縑や緜を産出する。倭の地には牛、馬、虎、豹、羊、鵲などはいない。兵器には矛・楯・木弓を使用し、その木弓は、下部が短く上部が長くなっている。竹の矢〔を使用し〕、その鏃には、鉄の鏃あるいは骨の鏃を用いる。（中略）

倭の地は温暖で、冬でも夏でも生野菜を食べ、みな徒跣で生活している。また家屋を建築していて、父母兄弟はそれぞれ寝所を別々にしている。彼らは朱や丹を身体に塗っていて、それは中国で白粉（おしろい）を用いるのと同じである。飲食には籩豆（へんとう）を用い、手づかみで食べている。人が死ぬと〔埋葬するため遺体を〕棺（ひつぎ）に納めるが、〔墓にはその棺を納める〕槨（かく）がなく、棺の上に土を盛り上げて冢（つか）を作る。（中略）

〔習〕俗としては、行事を行なうとか、旅行に出るとか、また何かしようとする時には、骨を灼（や）いて吉凶（きっきょう）を占う〔習慣がある〕。最初に卜（うらな）うことがらを告げる。その〔卜兆の〕解釈は〔中国の〕亀卜（きぼく）の方法に似ており、〔亀の甲を〕焼いて生ずる裂け目を見て、その吉凶の兆（きざし）を占うのである。（中略）

〔邪馬壹〕国はもと男子が王であった。ところが七、八十年前に倭は乱れ、国々は長年の間互いに攻撃し合っていた。そこで〔国々は〕相談の結果、一人の女子をたてて王とした。〔彼女は〕名を卑弥呼（ひみこ）といい、鬼道（きどう）に仕え、〔その霊力で〕能（よ）く人心を惑わしている。すでにかなりの年齢であるが、夫をもたず、彼女の弟がいて政治を補佐している。彼女が王となってからは、彼女を見た者は少なく、婢（ひ）千人を侍らせ、ただ一人の男子だけが飲食を給仕し、また彼女の言葉を〔人々に〕伝えるため居室に出入している。（中略）その後、女王卑弥呼が死んだ時、〔倭人は〕大きな冢を作った。〔それは〕直径が百余歩ほどであり、〔その際に〕殉葬（じゅんそう）された者は奴婢（ぬひ）百余人であった。

〔倭国は〕卑弥呼について男王を立てたが、国中が服従せず、そのうえお互いに殺し合い、この時千余人が殺されたという。そこでふたたび卑弥呼の宗女である壹与（いよ）という十三歳の女子を立てて王としたところ、国中はやっと治まったのである。

（下略）

たいへん長い引用をしたけれども、このような記事の書かれたのは西紀二九〇年頃のことで、日本へ稲作が渡来して六〇〇年もすぎていたことをまず記憶にとめておく必要がある。それはいわゆる弥生式文化の時代から古墳時代に入ろうとする時期であった。さらにまた、さきにたびたび引用した『日本書紀』は西紀七二〇年に撰出されたものであって、律令国家が成立したあとであった。すなわち稲作が日本に渡来してから一〇〇〇年ののちに、日本の歴史が文字として記録されたのである。

そこでいろいろのことが考えられるのである。そのひとつは日本で稲作がおこなわれるようになり、食糧の自給度が高まり、同時に民衆の定住性も強くなり、また農耕祭祀（さいし）を中心にした生産の統一が進んで来て、それが国家を形成する基盤になっていたであろうということである。そして『魏志』の「倭人伝」の書かれる頃まで、中国北方の文化や朝鮮文化が朝鮮半島を経由して日本にはそれほど強くは影響していなかったことを、「倭人伝」を通じてうかがうことができるのである。『魏志』（正しくは『三国志』）の筆者である晋の陳寿の脳裏にも、むしろ南方文化の影響の強い倭人の姿が映っている。

一方、『日本書紀』は、三世紀の頃から徐々に朝鮮半島経由の文化の影響をうけて武力による統一国家が形成されたのちの感覚で遠い過去の伝承を見ている。すなわち、『魏志』には弥生文化後期時代の日本列島のありさまが記録されており、『日本書紀』は奈良時代人の眼で律令国家形成への過程を反省しているのである。しかも律令国家を形成していく主動力になった者は、どうやら縄文文化人たちの後裔でもなければ、稲作をもたらした者でもないようである。それらの人びとは土蜘蛛であるとか、国樔であるとか、海人などとよばれており、北の方に住む者は蝦夷とよばれているのである。このような人びとを統一して国家を形成したのは、あらたに海の彼方から強力な武力を持って渡来して来た人たちであったと考えられる。そう考えなければ、大和朝廷を形成した人びとと土蜘蛛たちの間に見られる断層を理解することはできない。

もう一度話を戻して、『魏志』「倭人伝」の中にある倭人が南方から来たものではないかという推定は、それよりもさらに古い記録にすでに見えている。戦国末から前漢の頃に書かれたといわれる『山海経』に「蓋国は鉅燕の南、倭の北に在り、倭は燕に属す」と見えている。蓋は濊とも書く。この頃には朝鮮半島の北部にあった。燕は中国東北部に位置して立国しており、いまの東北三省もその中に含まれるかと思う。濊が燕の南、倭の北にあるということになると、倭は朝鮮半島の南部にあったことになる。ところで西紀一世紀の頃王充（二七―九〇）の書いた『論衡』の「儒増篇」に「周の時は天下太平、越裳白雉を献じ、倭人は鬯草を貢す」とあり、さらに同書の「恢国篇」に「武王紂を伐ち、庸・蜀の夷、佐けて牧野に戦う。成王のとき、越常（裳）雉を献じ、倭人暢（鬯）を貢す」ともある。周が建国したのは紀元前一〇五〇年頃であり、その頃のことを一一〇〇年もすぎたのちに書いたのだから、記録として正しいか否かは別として、倭人というのは中国人には南方に住んでいる種族として早くから印象されていた。鬯草というのはウコンのことで、いまの日本からは産出しない。琉球・台湾以南でないと見かけない。黄色の染料として用い、また薬用にもする。今日ではカレー粉に入れて用いている。倭からそれを出したというのである。そして『魏志』では、倭人は海に潜ることが上手で入墨をしているという。

ところで日本へ稲作が渡来するのと、越が呉をほろぼして江南の地に国家を形成したときとはほぼ時期がおなじようであり、越の勢力範囲は華南の海岸一帯から、浙江省、福建省、広東省、広西省からベトナムにわたっており、竜を崇拝し、入墨をおこない、米と魚を常食とする海洋民族の国であるというから、漢民族とは系統を異にするものであろう。この民族に属する一派が倭人ではなかったかと考える。そして舟または筏を利用して、朝鮮半島の南部から北九州へかけても植民地を作ったのではないかと考える。そして倭と邪馬台国とは一応区別して見ていくべきものと思う。そのことは『旧唐書』「日本国伝」に次のように記されているのがひとつの手がかりになる。

> 日本国は倭国の別種である。その国が日（太陽）〔の昇るところ〕の近くに位置しているので、日本を〔国の〕名としたのである。或いは、倭国〔の人々〕はみずからその〔国の〕名が雅しくないのを嫌って、日本と改称したともいう。或いは、日本は旧は小国であったが、倭国の地を併〔合〕した。（下略）

すなわちこれによると、倭国と邪馬台国とは別のものであったということになる。そして倭というのは、倭人によって日本列島の西部につくられた植民地ではなかったかと考える。その倭人たちは、東南アジアの海岸から北上して来た海洋民ではなかったかと、『論衡』や『後漢書』『魏志』を通して考えるのである。

『後漢書』「韓伝」に、

韓には三種がある。一を馬韓といい、二を辰韓といい、三を弁辰という。馬韓は西〔部〕にあり、五十四国がある。〔馬韓の〕北は楽浪〔郡〕と、南は倭と接している。辰韓は東〔部〕にあって、十二国ある。〔辰韓の〕北は濊貊と接している。弁辰は辰韓の南にあって、これまた十二国ある。〔弁辰の〕南もまた倭と接している。

とある。海をへだて倭と接しているとはいっていない。また「この国は鉄を産出する。濊・倭・馬韓がともにやって来て、これ〔鉄〕を買う。およそどのような貿易も、すべて鉄を貨幣としている」ともいっている。これは海をこえて鉄を買いに来たものであろうか。むしろ陸続きであったと見るべきではなかろうか。「弁辰の国々が倭に近いので、入墨をする者がたいへん多い」ともいっている。もし海をへだてて倭があるとするとき、倭が近いといえるのであろうか。またその習俗の影響をうけるためには、相手の習俗をたえず目にすることのできるところにいなければならない。

『魏志』「弁辰伝」には、

〔弁辰の〕国々から鉄を産出する。韓〔族〕・濊〔族〕・倭〔族〕が、みな鉄を取っている。どの市場の売買でもみな鉄を用いていて、〔それは〕中国で銭を用いているのと同じである。

とある。この文章だと鉄を買うのではなく、掘り取っている感を深くする。つまり倭人は倭人の手で鉄を取っていたと見られるのである。そして「〔弁辰の〕瀆盧（とくろ）国は倭と〔境界を〕接している」ともある。海をへだてて対峙（たいじ）しているわけではない。

このように朝鮮半島南部に南方から沿岸伝いに来て植民した倭人を、日本側からは任那（みまな）といったのではなかろうか。そして任那（みまな）という言葉も御魚（みまな）という言葉から来たのではないかということが、『風土記（ふどき）』逸文（いつぶん）（摂津（せっつ）の国）と思われる記事の中に見えている伝承から考えられる。すなわち、

御魚家（みまなや）

任那ハサマ〴〵ノ魚物多キ国ニテ、毎度日本ノ朝廷へ献ズ。故ニミマナト呼ブハ

御ノ字ノ心、マナハウヲノ事。任那ハ魚ヲ献ゼシ事、摂津ノ国風土記、西成郡ノ篇ニ、ソノ魚来レバ、御魚家ト云テ、京ヘ送ル迄ノ間ヲ宿シタル地名ノ事アリ。

（『日本声母伝』）

とある。原文ではなくて、別書の中の記事によるものであるが、『摂津国風土記』にそうした記事があったとすると、ミマナ（任那）は魚を意味する言葉から来たものであることを無下に否定することができない。なぜなら倭人は海洋民としての性格を強く持っているからである。

　このようにして朝鮮半島を経由して、大陸内部から日本列島へ渡来する人びとの前に、南の海から日本列島へ渡来して来た者も多かったと見られるのである。そしてこの人たちのもたらしたものが、弥生式文化ではなかったかと考える。つまりこの文化は東アジアの沿岸伝いに日本列島にもたらされたもので、海洋性の強いものであるとともに、稲作をもたらした。しかもその稲作には鉄文化が付随していた。それがまた構造的な船を造るのに大きな役割を果したと考える。

　倭人が朝鮮半島と九州の両方に植民地を作ったことは、大陸と日本列島との往来関係を密接にし、大陸の文化が朝鮮半島を経由して比較的スムーズに流入するようになった。大陸文化が海をこえて来るためには船を必要とする。しかし大陸人たちは海には親しみが少なく、また船の建造技術も持っていなかったはずである。もし海をわたろうとするためには、みずから船を造るか、または海岸居住民に造らせなければならぬ。しかし、そこに船を持ち、しかも対岸の人たちとも同種同文化を持っているとすれば、海の彼方と比較的容易に交流することができる。

　北九州に稲作がはじまって二〇〇年もたっていない頃から、大陸の文化が日本列島に入りはじめる。南鮮式の支石墓が北九州にいとなまれ、さらに青銅の利器が日本にもたらされ、また多くの鏡がもたらされる。これは倭人がそれを求めたからで、大陸人の列島征服によるものではなかった。そしてしかも漢鏡の出土は対馬、壱岐、豊前、筑前、肥前などの北九州に限られているといってよかった。

　一方、日本列島へ稲作が普及していく速度も速かった。それはひとつは水路を伝って船を利用してひろがっていったものではないかと考える。それは九州だけ見ても弥生式の遺跡が海岸地方か、河川に沿うて分布していることによって推定することができる。日本海側について見ても、能登半島に集中的に多いようであり、また瀬戸内海沿岸、伊勢湾、三河湾沿岸などにも多い。これは籾種だけがひとりあるきしたのではなく、これを持って移動した人のあったことを物語るものではないかと思う。

いずれにしても稲作が海の彼方から渡来したとなると、船に乗って来る以外にない。それも陸地を南下して海に直面して海をわたる工夫をして日本にたどりつき、それがひろがっていったとなると、弥生文化の遺跡が海岸に近いところや川の流域に多く分布するとは限らなくなるはずである。おそらく稲作にかかわりを持つ人たちは船を利用しつつ漸次あたらしい世界を見つけていって、そこに住みつき、水田をひらいたものであろう。水田をひらくということはひとつの高い技術を持っているものである。畦を作り水をひく。そこにおのずから土木工事もおこなわれることになる。静岡県登呂遺跡や滋賀県大中遺跡では水田を作るための苦心をよくうかがうことができ、しかもきわめて計画的である。そして登呂の場合はその水田の近くに住居が集中して見られる。奈良県唐古遺跡は住居址が多く見られるが、これもおそらくその近くに計画的にひらかれた水田が存在したものであろう。水田のほとりに住居があるということは、住居は土の乾くところに存在しなければならないし、水田も耕作しないときは水を落として乾くようにしていたに違いない。このようにして集落の付近に水田を持つことによって、アガタという言葉も生まれたのではなかろうか。アガタは県の字があてられているが、もともとは吾田であろうと思われる。そしてそのような吾田は近畿地方に多く発達したと見られ、『延喜式』には大和に六社、河内に二社の御県神社を数えるが、もともと郡というのはアガタを中心にして形成されていたものではないかとさえ思っている。

このような水田農耕の技術を持った人びとの多くは、その家族が船を家にしていたのではないかと思う。船を家にする人たちは東南アジアの沿岸に今日も多く見られるが、このような生活習俗は揚子江や西江にも多数に見られるところであり、さらに中国の東北地方にも見られる。その多くは筏を組み、筏の上に床を作って水をかぶらないようにし、そこで、家族そろって生活する。揚子江や西江ではこのような船住居の人びとは鵜を飼い、鵜を利用して魚をとっているが、『隋書』「倭国伝」にも「河川が多く陸地は少ない。鵜の首の小さな環〔に紐をつけて〕手繰り、川に入って日に百尾以上もの魚を取る」とあるのは、倭人の工夫した技法というよりも、江南から海をこえてもたらされた技法と見るべきではないかと思う。ということは、それは技術的にはきわめて高いものであり、万人が等しくこれを身につけることができないものだからである。このような技法が朝鮮半島にあったか否かについてはたしかめていないが、今日では一応江南の技術の伝来と考えてよいのであろう。

二　耽羅・倭・百済の関係

さて江南の文化が日本へ伝来するにはその初めに漂流の歴史があったであろうが、計画的な移動も早くからあり得たと考える。『後漢書』「倭伝」の末尾の記事がそれを物語る。『後漢書』は後漢の歴史を書いたものであるが、『三国志』（『魏志』は『三国志』の中の一部である）より一五〇年もあとに書かれたもので、時には『三国志』を引用したと思われる部分もあるが、『三国志』以前の資料も利用されている。その「倭伝」の末尾に、

> 会稽（後漢後半の郡治はいまの浙江省紹興市）の海外には東鯷人（不詳）がいて、分かれて二十余の国をつくっている。また夷洲（台湾か）および澶洲（済州島か）も〔会稽の海外に〕ある。〔澶洲は『史記』に〕「秦の始皇帝が、方術の士であった徐福を遣わし、童男・童女数千人を率いて海上に出、蓬莱の仙人を捜させたが、得ることができなかった。徐福は誅せられるのを畏れて帰還を諦め、〔澶〕洲

に止まった」と伝えられている。〔澶洲には〕代々相承けてそれらの人たちの子孫が繁栄し、数万の家があって、人民が時として会稽郡にやって来て商いをする。会稽郡東冶県の人で、海に出たところ風に流されて澶洲に行き着いたという者もあるが、あまりにも遠いので往来はかなわない。

とある。済州島へ徐福の一行が住みついたというのは面白いが、とにかく中国の人びとにこの島が意識され、また中国と済州島の間に交流のあったこともうかがわれる。その済州島は『後漢書』「韓伝」の中にも「馬韓の西方の海上の島に州胡国があり、その国の人は背が低く、身体つきが小さい。〔ここの人は〕髪の毛をそり、なめし皮の衣服を着ているが、〔その衣服は〕上部があって下部がない。〔またこの地の人は〕牛や豚をさかんに飼い、船に乗って〔島々や沿岸を〕往来し、韓〔族の居住地〕のいたる所で商売をしている」と見えている。

中国から済州島への漂流は時折あったとみえて、『隋書』「百済伝」にも「〔隋が〕陳を平定した年（五八九）、一隻の戦船が海東の躭牟羅国（済州島）に漂着した。船は百済を経て〔隋に〕還ることができた」とある。それから七〇年あまりのち、西紀六六一年（斉明天皇の七年）に伊吉連博徳が唐からの帰途やはり耽羅（済州島）に漂着している。このほかにも済州島への漂着という例はかなり多かったと考えるが、それは風向と潮流によることが大きかったと見られ、江南から日本列島への渡来にはこの島の果たした役割もまた大きかったであろう。そしてこの島の人たちもまた、海中に潜って鮑をとり、海藻をとっている。この島の場合はいま女だけが潜っているが、古くは男女ともに潜っていたと見られる。済州島の海女に関する記録はきわめて少ない。西紀一六二九年に書かれた『済州風土記』（李健）が最初ではないかと思われる。それによると、

> 藿（海藻）を採るの女は之を潜女と謂い、二月より以後五月に至るの以前に海に入りて藿を採る。其の採藿の時、即ち所謂潜女は赤身露体にて海汀に遍満し、鎌を持ち海に浮かび海底に倒入し、藿を採りて曳出し、男女相い雑りて以て恥と為さず。見る所駭く可し。生鰒の捉も亦之の如し。（今西龍訳『朝鮮学報』第一巻第二号）

とあって、その頃は男女ともに海に潜っていたことがわかる。しかし儒教が浸透するようになって男女ともに潜ることはなくなったといわれる。また、この記事によると人

びとはすでに陸住していて船住いをする者はなかったと思われるが、古くは船を家とし、その行動半径もきわめてひろいものであったと推定される。そのことは延長五年（九二七）に編集された『延喜式』の「主計上」の肥後国の調の中に「耽羅鰒三十九斤」、豊後国の調の中に「耽羅鰒十八斤」という記事が暗示する。耽羅鰒というのはどういう鰒であろうか。耽羅から持って来て養殖してふやしたものであろうか。私は昭和五二年、済州島を訪れて海女たちの潜るのを見、また鮑をたべてもみたが、私の見た眼には日本の鮑とほとんど差がないのである。それを調の中でとくに区別しているのは鮑そのものの差によるものではなく、耽羅の海人が九州に来て稼いでいたことを物語るものではないかと思う。海人たちの往来にはそれほど制限はなかったのであろう。そして耽羅人がとった鮑が耽羅風に処理されて朝廷へ奉られていたものと見て差し支えない。

この場合、耽羅人たちは男だけでやって来たのであろうか、あるいは家族ぐるみで日本へ渡航したものであろうか。男女ともに潜るとすればおそらく家族ぐるみで来たことも考えられるのである。すなわち海人の中には陸住して農耕もおこなう者もあったが、船住いをしてとったものを商いつつ、半ば商人化した者もあったと見ていい。そして、一〇世紀の頃までは、九州と済州島の間にはまだ密接な交流があったと考えてよいのではないかと思う。

農耕をおこなわなければ定住性は乏しくなる。『後漢書』に見えた耽羅（州胡国）人が、船に乗って韓民族居住地区に往来して商売しているというのは興味深いが、同時に九州への渡航も見られていたのではなかったか。済州島は漢拏山を中心にして、周囲に実にひろくゆるやかな裾野を持つ。しかし水の乏しいために水田は少ない。畑を耕し、牛、豚を飼い、交易によって生計をたてることが多かった。

これは済州島だけでなく、朝鮮半島の西部から南部にかけて見られる一般的な現象であったといってよいのではなかろうか。そしてそこに住む人たちは海をこえて山東半島から江南地方へかけてさかんに往来していたのではなかっただろうか。そのことは円仁（八三八年入唐）の『入唐求法巡礼行記』などにもうかがうことができる。つまり海人による海のつながりは、いまわれわれが考えているよりももうちょっと自由なものであり閉鎖されていなかったものではなかったかと考える。そして日本列島にわたって来た海人たちは律令国家成立後、大陸との縁がうすくなっていってしまったのではなく、後世にいたるまでつながりを持っていたものであろうと思う。そしてそのようなつながりは中世の後期にいたって倭寇にまで発展していったものと推定される。それについてはなお多くの実証を必要とする。

日本へ朝鮮半島を経由して大陸の文化が流入しはじめるのは、漢という国家が成立し、東北地方を征服し、紀元前一〇八年に満州（中国東北部）東部から朝鮮半島にかけて楽浪・臨屯・玄菟・真番の四郡をおいた頃からであった。そしてその文化は日本に青銅器をもたらしたし、多くの武器をもたらしている。それは二つの意味があったと思う。まず武器を持って日本へわたって来た人びとのあったこと。いまひとつは青銅器を必要とする人たちが国の中にいたことであったと思う。

武器を持って日本にわたって来た人たちがどれほどいたかは明らかではないが、軍隊を組織して日本を攻略したということはまずなかったのではなかろうか。ということは朝鮮海峡の交通はその大半が倭人によって把握されていたことである。日本列島へわたるためには倭人の船を利用せざるを得なかった。武力によってしたがわしめようとすれば、海人たちは船に乗って海上に逃れ去ったに違いない。しかしそのような伝承も記録もほとんどない。

これに対して、倭人の朝鮮半島との交渉は『日本書紀』に数多く記録されている。『日本書紀』はその記録されたのが西紀七二〇年で、古い時代の記録はきわめて不確実と見られるが、それでもなお伝承として残されたものは、年代の上には多くのあやまりがあるにしても、事実でなかったとして否定し去ることはむずかしい。『日本書紀』崇神天皇六五年秋七月の条に「任那の国がソナカシチを遣して朝貢した。任那は筑紫の国を去ること二千余里、北、海を阻てて、鶏林（新羅）の西南にあり」と記されている。年代に間違いはあっても任那の位置、任那と交渉のあったことは事実であろう。そして以後、朝鮮半島との交流の記事が無数に出て来るのであるが、半島人が海をこえて日本をおそうというような記事はない。

　これに対して、朝鮮の『三国史記』のうち「新羅本紀」には、西紀前五〇年から西紀五〇〇年までの間に倭人の侵攻が六三回に及んだとある。『三国史記』は一一四五年に編纂されたもので、古い時代の記録はその史的な価値も乏しいと思われるが、半島の人たちにとって日本から侵攻されたという記憶は濃厚に残っていた。さらに四一四年に建てられた高句麗の広開土王碑によると、倭人の侵攻がどんなにはげしいものであったかを知ることができる。このような侵攻は海の交通権を持っており、且つ半島に拠点となるべき地がなければ不可能である。しかも倭人が、半島に侵攻し得るほどの武力を持つようになっていたことも見のがすことができない。しかも倭人の侵攻は、広開土王の撃退によって終ったものとは考えられない。「新羅本紀」の記事によれば、それからおよそ一〇〇年近いのちまで侵攻がおこなわれているのである。

　朝鮮海峡の航海権を倭人が握っていたとしても、半島にも倭人の植民地があることによって、大陸の文化は半島倭人の手によって日本にもたらされたであろうし、時には強力な集団が侵攻という形をとらないで日本へ渡航したと見ていい。そういう力が凝集してやがて日本の武力的な統一をおこない、統一国家を形成していったのではなかろうか。神武天皇の東征伝説は、そうした武力による統一の事実が伝承化していったと見てもよく、また卑弥呼が死んで男王をたてたとき国中が乱れたというのも、呪術的な祭祀による統一のおこなわれていた王朝が、武力による統一王朝の出現を見たことを意味するものではないかと考える。しかしそれに失敗して、また祭祀王朝にかえってゆくが、それがそのまま長く続いていったかというと、武力によらなければ強力な組織的な国家を成立させることは不可能なはずで、しかも武力を持った者が徐々に渡来し、やがて結束して律令国家への足場を作っていったものではなかろうか。

時代は下るが『隋書』の「倭国伝」に、

百済に渡り、竹島（不詳）に至る。南の方に耽羅国（済州島）を望みつつ〔東に〕航海し、遥か大海の中なる都斯麻国（対馬）を経由する。また東して一支国（壱岐）に至り、また竹斯国（筑紫）に至る。また東して秦王国（不詳）に至る。

秦王国の人は中国人と同じである。これを夷洲とするのは疑問であるが、明らかにしえない。それからまた十余国を経て海岸に到着する。（下略）

とあるのは注目に値する。秦王国は多分周防国のことであろう。周防には百済からわたって来た琳聖太子の子孫であるといわれた大内氏がその後勢力を張って中世末まで続くのであるが、この地には新羅系秦氏の一族が多数住んでいた。秦氏は秦の始皇帝の後裔といわれ、秦滅亡の後、朝鮮半島の南部に移動し、さらに日本へも多数移動する。この場合も侵攻者として渡来して来たのではなかったようである。

もとより朝鮮海峡の航海権は倭人のみが独占していたのではなく、半島に朝鮮民族による国家が形成されてその力が強くなって来るにつれて、漸次海への進出も大きくなる。とくに百済は、五世紀の初め頃から船によって南朝と通交するようになる。『宋書』「百済国伝」によると、

元嘉二年（四二五）、太祖（文帝）は〔餘映に〕詔して、

皇帝〔として百済王に〕問う。使持節・都督百済諸軍事・鎮東大将軍・百済王は、代々忠実で従順であり、海を越えて誠意を示した。遠〔方の地に〕王位を継

> ぎ、先王の徳業を述べ修めようとしている。正道を慕う心があきらかである。真心をもって、小さな筏を大海に浮かべ、珍宝を携えて朝廷に見えた。（下略）

といったとある。小さな筏を大海に浮かべ、とあるのはひとつの形容であろうが、事実民衆は筏船を浮かべて海をわたることが多かったと思う。百済は船を持つことによって南朝に入貢した。おなじころ倭国も宋に入貢しているのである。『宋書』「倭国伝」に、

> 永初二年（四二一）、高祖（武帝）は詔して言った。
> 倭〔王〕讃は万里のかなたから貢物を修めている。遠くにありながら忠誠をつくすのは顕彰に値いする。よって爵号を与えよ。

とある。使いが誰であったかもわからない。『宋書』には讃・珍・済・興・武の五人の王の名があげられており、それは仁徳・履中・反正・允恭・安康・雄略の六人の天皇のいずれかにあてているのが一般であるが、この時期、倭国が南朝に入貢していたことは、ひとつは高句麗や新羅と対立が甚しかったためであろうが、倭国の場合は

その生産文化の面から見て江南につながることが大きかったからであろう。事実、南朝に使いした倭国使の姿が宋の次の次に立国した梁の元帝（五五二—五五四）のときに原本が描かれたという『職貢図巻』（現存のものは一一世紀の模本）に見えているが、頭には布をまき、幅のひろい布を肩にかけて胸のところで結び、腰にも同様の布をまいて前で両端を結んでいる。また手甲をつけ脚絆をまき、足は裸足である。古墳から出土する埴輪の衣裳とずいぶん差があるが、この頃までは倭人も南方的な服装をしている者が多かったのであろう。五五〇年代といえば、日本は欽明天皇のときである。

　つまり私のいってみたかったのは弥生式文化と古墳文化はおなじ大陸からの文化でありながら、その渡来の経路が違っていたのではなかったかということである。そして弥生式文化というのは稲作をもたらしたものではあったが、ほとんど武力をともなわない文化であった。銅器が渡来しても、利器としての銅器は鋳直して平形銅剣や広幅銅矛にして祭祀呪術に用いたと見られ、また銅鐸のようなものを作っている。これも祭器であったと考える。

　しかし朝鮮半島を経由して来た文化は武力的な要素を多分に持ち、武力による国家統一を進めていった。『日本書紀』にあっては、神武天皇以後の歴史は武力統一の歴史であるといってよい。そしてそれは武器のみが伝来したのではない。人もまた徐々にではあるが、朝鮮海峡をこえて多数入り込んで来た。しかもその入り込んで来た期間はきわめて長かった。西暦紀元の頃からはじまって一〇世紀の終り頃まで、およそ一〇〇〇年にわたっている。

そうして、その長い間に日本列島にわたり来たった大陸人の数は、いったいどれほどにのぼったであろうか。記録にのこるところはそれほど多くないが、体質・体形の上などから見ていくと混血によってかわっていったと見られる現象はかなり大きい。そのことについてはのちにまたふれることにするが、ここでは縄文文化をかえていった民族の移動と外来文化のあり方についてなおしばらく見ていきたいのである。

三　北方の文化

ここでもう一度北の方へ目を向けたい。そのはじめ日本列島に広く住んでいたのは縄文文化人であっただろう、ということについてのべた。そして関東以北に住む者を蝦夷とよび、それ以外の地方に住む者を国樔、土蜘蛛などといっていた。これは中央政府に属する人びとのよび方であったが、そういうよび方をした人たちはむしろ大陸から高い強力な文化と武力を持ち、国家を統一した人びとではないかと考える。そして、われわれもいつの間にか、そういう人たちの見方にまねて物を見るようになってしまっているのであるが、もっとひろい視野で日本の文化を見直す必要があるのではなかろうか。そのためには、日本文化の基盤をなした縄文文化と縄文文化人の変遷を、もっと丹念に見ていく必要がある。

『後漢書』の「東夷伝」に次のような記事がある。

〔周の〕武王が〔殷の〕紂王を討ち滅ぼすと、粛慎が朝貢して石砮、楛矢を献上した。

粛慎というのは黒竜江の下流地方にいた諸民族である。武王のとき、朝貢したというのであるから、西紀前一〇五〇年頃のことであり、縄文時代の後期の頃である。粛慎人はその頃石砮（鏃）や楛の矢を持っていて、しきりに狩猟をおこなっていた。そして周とも接触を持っていたのである。

『魏志』「東夷伝」にも、

高句麗が叛いたので、また少数の軍隊を派遣して征伐し、極遠〔の地〕まで追いつめ、烏丸の骨都を越えて、沃沮をすぎ、粛慎の国を踏み破り、東の大海にまで進んでいった。〔そこに住む〕長老が言うには、「〔海のかなたに〕顔つきの異なる人々が住んでいる。〔そこは〕太陽の昇るところに近い」と。

このように黒竜江下流地方では早くから中国の古代の人びとも関心を持っていたことがわかる。そして、粛慎の長老のいう海の彼方の顔つきの異なる人びとというのは、北方の縄文文化人たちであったと思われるが、中央に武力統一によって大和朝廷が成立してからは、関東以南への移動はむずかしくなり、しかも農耕をほとんどおこなわないことによって、農耕を中心とする大和朝廷との間に次第に距離を持つようになったと見られる。だがそのことによって、粛慎などとの間にはかえって密接な交流が進んでいったと考えられる。狩猟や漁撈を主要な生活手段とする者はどうしても交易を必要とし、その交易も民族や文化を異にする者との交易が必要であった。

それでは倭国では北方縄文文化人たちと無縁であり得たかというと、そうではなかった。

『宋書』「倭国伝」によると、宋の順帝の昇明二年（四七八）に武（雄略天皇）が順帝に奉った上表文の中に「わが先祖は、代々みずから甲冑をまとって幾山河を踏みこえ、席の暖まる暇もなく戦って来た。東方の毛人を征すること五十五国、西方の衆夷を服すること六十六国、海を渡って北方（朝鮮）を平げること九十五国にものぼった。王道は遍くゆきわたり、領土を拡げ境域は遠くまで及んだ。しかも歴代の倭王は、宗主（たる天子）のもとに使者を入朝せしめ、その年限を違えることがなかったのである」といっており、武力征服の王朝をつくりあげて来たことを誇示している。この上表文を見ると、大和から西の方に住む土蜘蛛たちも衆夷すなわちエビスと見られていたことがわかる。

ちょうどこの上表文の書かれた頃、北海道北見地方にはモヨロ人の大きな移動が見られた。モヨロ人たちのことをアイヌのユーカラではレプンクルといっているが、レプンクルは海の向こうの人を意味する言葉であるという。それはひとりモヨロ人だけではないであろうと思われる。

　北方の縄文文化社会へ鉄器が流入するようになったのは西暦紀元前後のことと見られている。しかしその鉄は縄文文化人たちが採鉱精煉したものではなく、おそらく中国北部から交易によってもたらされたものであろう。そして西南日本では弥生式文化が開花しはじめていたのに、北方では狩猟・漁撈の生活が続いていたばかりでなく、交易の必要から、異民族との接触が強くなっていったと見られる。

　モヨロ人と縄文文化人たちとが、その住居をきわめて接近して造ったということは敵対しあうものではなく、交易を通じて融合していくためであったと考える。このようにして縄文文化人たちは、体質的にも文化的にも、農耕文化を主体とした人たちとの間に若干の差を生じていったのではないかと思われる。そして北方諸民族の影響をうけた縄文文化人の後裔たちを、のちにアイヌとよぶようになったのではないかと思われるが、『日本書紀』の斉明天皇のとき、蝦夷征伐をおこなったというのは、まだアイヌとはよんでおらず、古くからの呼称のままのエミシまたはエビスであったと思われる。

斉明天皇の治世には四年（六五八）、五年、六年の三年の間に七回にわたって阿倍比羅夫の遠征があったことになっているが、これは記事に重複があるようで、あるいは一年に一回程度であったかとも考える。

まず斉明天皇の四年には阿倍臣が船師一八〇隻を率いて日本海沿岸を北上し齶田、渟代の蝦夷に勢威を示した。すると蝦夷たちはみな朝廷に対して忠誠を誓った。そこで、恩荷に小乙上の位を授け、また渟代、津軽の郡領を定め、また、北海道渡島の蝦夷らを有間浜に集めて、もてなして帰した。それによって蝦夷たち二〇〇人あまりが朝献して来た。そこで蝦夷の首領たちにそれぞれ位を授けた。

五年にもこの地方へ船師を進め、蝦夷たちを集めて饗応した。このときは、北海道西南部へ進出しただけでなく、粛慎にまで船を進めて戦い、捕虜四九人を献上したとある。

しかし蝦夷はほんとうに服従したのではない、背後に粛慎があるからだということがわかったので、六年には粛慎を討つことになった。このときは陸奥の蝦夷を自分の船に乗せて進み、大きな川のほとりまで来ると、渡島の蝦夷が一〇〇〇人ほど川に向かって野営していた。その中の二人が、粛慎の軍船がたくさんやって来て自分たちを殺そうとしている、と訴えた。そこで阿倍臣は海岸に綵(しみ)の帛(きぬ)や兵(つわもの)・鉄(ねりかね)を海岸に積みあげて見せると、粛慎はやって来た。そして帛はいったん持って帰ったがまた返しに来た。そして帰っていった。そのあと講和を申し込んで来たが、阿倍臣はこれを攻め、賊(ぞく)は敗れて自分の妻子たちを殺して自滅した。

　これらのことからすると、東北の北部、北海道の蝦夷たちは粛慎人の圧迫をうけながらも交渉を持ち、交易を続けていたことがわかる。

　なお三年にわたる遠征であるけれども実際には一回か二回のことであったのだろう。私のここでいってみたかったのは蝦夷は大和朝廷の圧迫をうけても、決して孤立していたのではなく、北方諸民族との交渉があり、しかも粛慎人はアジア大陸に住み、中国とも交易していて、鉄の入手など比較的容易であったと見えて、阿倍臣に鉄を示されても手を出さなかった。

　このようにして、北方の蝦夷たちは狩猟・漁撈を主とした生活をかえないままにひとつの世界をつくっていたのである。

　しかし阿倍臣の蝦夷への接触によって、それからは大和朝廷との間にも多少の交流が見られるようになったと思われる。このとき、大和へ連れて来られた蝦夷たちのうち、男女二人を唐の天子に示した。その記事が『日本書紀』斉明天皇五年（六五九）

の条に見えているが、『新唐書』「日本伝」には天智天皇八年（六六九）のこととして「〔日本の〕使者は蝦蛦（夷）人とともに〔唐へ〕入朝した。蝦夷〔人〕も〔日本人と〕同じく海のなかにある島に居んでいる。〔蝦夷の〕使者の鬚は長さ四尺ほどもあった。箭を首にはさみ、人をして〔その上に〕瓠を載せさせ、数十歩〔離れて〕立ち〔瓠を〕射たが、当たらないということはなかった」とその弓射のすぐれていることを賞している。この蝦夷に見る文化は縄文文化人のそれと、何ほどの差もなかったと思うが、大和朝廷が農耕生産に支えられ、また大陸の統一国家の影響をうけ、大和朝廷の方が大陸文化に近くなって来たさまを知ることができる。

さらにまた中国が関心を持ち、その征服下におこうとした粛慎は大和朝廷もこれを攻めている。それは蝦夷との関係を断ち切らせ、蝦夷の方は大和朝廷に服属させようとしたのであった。蝦夷に対しては、なおそれほどの親近感を大和朝廷も持っていた。そして服属させるといっても、この時期には両者の間に大きな戦を見てはいない。大和文化の中にもなお蝦夷文化に通ずるものが多かったからであろう。

が、このようにして国家というものは中央の勢力が強くなるにつれて、その力を次第に地方に及ぼしていって、地域的に勢力の及ぶ範囲を拡大していく。そして勢威の及ばない範囲、あるいは異質の文化を持つ範囲との間に、一線を画するようになっていく。国境というものはそのようにして生じて来たものと思うが、それには長い時間がかかったものである。大和朝廷の文化に馴化（じゅんか）していったものは熟蝦夷（にぎえびす）とよび、次は麁（あら）蝦夷、遠いところにいる者を都加留（つがる）といったというが、もとは一色のものであったものが、七世紀の中頃には三つの区別をするまでに差を生じ、ここにいう都加留、そして北海道にいる蝦夷たちは大和朝廷文化の影響をうけることが少なく、やがて異民族として理解されるほどの差を生じて来、のちにはアイヌという呼称さえおこって来るのである。

四　琉球列島の文化

いまひとつ日本列島へ文化の流入して来る経路があった。それは九州の南から台湾につながる琉球列島弧である。これはシベリア・カラフト・北海道ルート、朝鮮半島ルート、江南・朝鮮半島ルートにくらべると、島々の点在と、列島弧の南に文化の北上をうながすほどの強い民族文化の圧力がなかったので、今日一部の学者が主張しているほど大きなものではなかったと思うが、北方ルート、朝鮮半島ルートにそれぞれおなじ歳月が流れているように、このルートにもおなじ歳月が流れていると見られる。しかしいろいろの制約があったと見てよいのではなかろうか。

たとえば縄文文化人、その後裔と考えられるアイヌたちは狩猟・漁撈・自然採取を生活手段として移動をおこなったであろうが、この場合、家族もともに移動したと見られる。北海道にはこのほかに、いまは数十人にすぎないオロッコがいる。その仲間の者はオロッコとよばないで、ウイルタといっているが、この仲間はトナカイを飼い、放牧生活を続け、ウラルの東オホーツクまでの間を移動を続け、カラフトにわたって半ば定住の形式をとっていたものが、昭和二〇年以後、北海道へ移動して来たものである。狩猟民の場合は男だけが移動することもあるが、遊牧民の場合は家族ぐるみで移動する。

朝鮮半島を経由して日本列島にわたって来た者は農耕民的性格を持っている場合、あるいは職業集団の場合は家族ぐるみであっただろうが、戦闘員的性格を持っている者は男だけで海をわたって来た者が多かったのではなかろうか。

江南や揚子江（ようすこう）筋からの渡来は船や筏（いかだ）を住いにしている者が多く、それは家族ぐるみの渡海であったと考える。そのことについては、日本の海人を通してのちにくわしくふれてみたい。

ところで、琉球列島弧を交通路とした人たちの家族ぐるみによる移動がどの程度おこなわれたであろうか。南太平洋の島々に住む人たちは航海術にはきわめて長じていたが、その多くは男たちだけの航海であった。女が船に乗ることはきわめて少ないのである。そしてそれは近年にはじまった習俗ではないと考える。

そこで、歴史的な順序を追って反省してみたい。まずこの列島弧の北部、南西諸島といわれる部分の種子島（たねがしま）、屋久島（やくしま）などには縄文文化の遺跡がいくつもあって、ここまでは縄文文化人たちが住んでいたことがわかる。しかし、それから南はどうであっただろうか。沖縄島には伊波、荻堂、城嶽をはじめ一二〇ほどの貝塚が発見され、そのうち右の三つの貝塚からは石器、骨器、貝器、土器などが出土しており、土器は九州とのつながりがあるものと考えられていた。すると、日本の縄文文化ともかかわりあいがあるのではないかと見られていた。しかし、いま土器については別の見方もあるようであるが、城嶽貝塚から明刀銭の出土したことが大きな話題をよんだことがある。この貝塚の発掘は大正一二年（一九二三）におこなわれたものであるが、明刀銭というのは内反りの刀の形をした銭貨のことで春秋・戦国時代に中国の斉の国で造られ、その国を中心にして、趙、燕など北方の国で使用された。そしてそれが諸所で発見されているが、朝鮮の全羅南道でも出土しているから、山東半島を中心にして揚子江口付近から朝鮮半島付近にまでいたる、黄海交通圏というようなものがあったのではないかと考えられ、それが西九州、南西諸島をへて、沖縄にも達していたのではないかと考える。いずれにしても沖縄島には、北からの文化の影響をうけていたと見られる遺物がいくつか発見されている。そして弓矢を持って猪狩をさかんにおこない、また犬を飼い、陥穽を掘って猪を穽に落としてとる方法もおこなっていた。

しかし弥生式文化の遺物はほとんど発見されていないし、この時期に稲作がこの列島弧を経由して日本にいたったとも考えられない。言語学者服部四郎博士は日本語と琉球語が同祖語であることを問題にし、奈良時代の大和地方の言葉と、今日の京都・東京方言を比較してみると、基礎語において八一パーセントがのこっていることを明らかにし、琉球語について、日本語との共通単語をしらべ、比較した結果、現代の京都方言と首里方言は一四五〇年乃至一七〇〇年前にわかれたものではないかと推定した。つまり、もともと同じ言葉であったものが、ひとつは東へ行き、ひとつは南へ行き、両者の間にはそれほど密接な交渉がなかったために差異を生ずるようになったというのである。するとその分離したところはどこかということになるが、北九州であろうと考えられる。おそらく三世紀の頃、日本の統一王権が、九州から近畿へ移動したであろうとの推定がひとつの基礎になっているのであるが、その頃まで九州と琉球の間には南より北へではなく、北から南へのつながりがかなり強く見られたのではないかと思う。

　鹿児島県種子島の広田遺跡なども、弥生式文化の遺跡であるが、ここからは中国北部の文化の影響をうけた貝殻装飾品も発見されているのである。

　さてこのルートが交通路として重要な意味を持ちはじめるのは、日本の水軍が六六三年に朝鮮の白村江において唐軍によって全滅させられて以後のことであると思う。この白村江の戦いにいたる戦争の経過は、『日本書紀』にかなりくわしく書かれている。その記事はかなり正確なものと見てよい。それは新羅が百済を侵略したことについての防衛戦であったが、百済の滅亡は同時に日本の半島での拠点を失ってしまうことでもあったと思う。この頃までは朝鮮の多島海にはなお多数の倭人が居住していたと見られ、その人たちによって日本と百済の交流は続けられ、日本の飛鳥文化は百済との交流によって成長発展していったものであったといってよかった。その滅亡は日本にとっては大きな痛手になるはずである。そのことは日本がどれほど百済の救援に力をそそいでいたかを見ればわかることで、六六一年、斉明天皇は百済救援の軍を進めるためにみずから九州に出陣している。おなじ年に伊吉連博徳が耽羅の王子を連れて帰朝している。彼我の交流を密接にしようとしたものであろう。斉明天皇はその年北九州で崩じたので、かわって天智天皇が即位し、天皇は六六一年八月、阿曇比羅夫連、河辺百枝臣、阿倍引田比羅夫臣、物部連熊、守君大石らを百済に遣わした。さらに狭井連檳榔、秦造田来津を遣わして百済を守らせた。この二人は軍五〇〇〇人を率い、百済の王子豊璋を護って百済にわたった。また六六二年一月には百済の福信に「矢十万隻、糸五百斤、綿一千斤、布一千端、韋一千張、稲種三千斛」の救援物資を送っている。おなじ年の五月に阿曇比羅夫が船師一七〇艘を率いて豊璋を百済に送るとあるのは、前年の記事と重複しているが、豊璋の百済への帰国はこの年で、前年は檳榔や田来津らの軍が出陣しただけではなかったかと思う。

六六三年になると高句麗は唐に敗れ、新羅は唐の援を得て百済の南の畔の四州を焼き払い、徳安などの要地を取った。そこで三月には上毛野君稚子、間人連大蓋、巨勢神前臣訳語、三輪君根麻呂、阿倍引田臣比羅夫、大宅臣鎌柄を遣わし兵二万七〇〇〇人を率いて新羅を討たしめたが、百済の重臣福信に異心ありとして捕えて首を斬った。それは百済の自滅への道をあゆむものであったといってよい。一方、唐軍は戦船一七〇艘を率いて白村江に戦列をしいた。日本の兵船はこれと戦ったが敗れ、ついに百済を守ることができず、日本自身も朝鮮半島における権益を放棄した。そして百済の地は新羅が支配することになったのである。

日本がいかにこの戦争に全力をあげて戦ったかは、以上の日本軍の出兵の様子を見ても知ることができる。百済の地はそれほど日本にとっても重要だったのである。ということは、この地方を中継地として、中国の北にも南にもつながっていたのである。

そして日本が百済をひたすら守ろうとしたのは単に百済の独立を願うばかりでなく、そこにある古くからの倭人の植民地を守るためのものでもあったと思う。

しかし、それが失われたことによって、日本が中国となお交流を続けようとすれば、朝鮮を経由しないコースを考えざるを得ない。そして工夫されたのが南島路であった。文武天皇二年（六九八）四月に、文忌寸博士ら八人を南島に遣わして、南の様子をさぐらせている。そのことによって三年（六九九）七月に種子、屋久、奄美、度感（徳之島）等の人びとが政府の役人につきしたがって来り、方物を貢納した。そこで天皇は位を授け物を賜うた。その度感が中国※に通ずるようになったのは、このときにはじまるものである、と『続日本紀』にはあるが、それ以前から中国と沖縄の間には往来があったものであろう。ということは柳田國男先生も早く指摘しているように、中国の殷という国は宝貝を尊重して財物や貨幣とした。その宝貝を多く産出したのは沖縄島、宮古島であり、中国からこれを求めに来たであろうとしている。中国と沖縄には、あるいは早く交通がひらけていたかもわからないが、その場合の沖縄は中国にとっては末端であり、沖縄を経由して日本にいたるということは、ほとんど考えなかったであろう。それよりも安全な航路が朝鮮半島南部をへて日本に通じていたからである。

　さて日本から沖縄を経由して中国にいたる航路は、危険の多いものであったし、行くときは西へ漂流しさえすれば中国の沿岸に漂着することができたが、逆に中国から琉球弧の島々に向かうとき、船はかならずしもそれらの島に着くとは限らない。しばしば漂流破船の運命を見ているが、小船による島伝いの往来はさかんになっていったものと思われる。しかしこれら南島（南西諸島・琉球弧）からの日本への渡来は容易ではなかったと見えて、『日本書紀』に記録せられた記事の最初も推古天皇の二四年（六一六）である。以下『日本書紀』から南島関係の記事を拾ってみよう。

○推古天皇二四年（六一六）三月、屋久の人三人が帰化した。夏五月、屋久の人七人が来た。七月また二〇人が来た。先後あわせて三〇人にのぼったので朴井に居らしめた。その人たちは郷里へ帰ることができないで皆死んだ。ということは男たちだけが来たのであり、帰る船もなかったのであろう。

○推古天皇二八年（六二〇）八月、屋久の人二人が伊豆の島へ漂着した。

○孝徳天皇、白雉四年（六五三）秋七月、大唐に遣わされた高田根麻呂らが薩摩の曲と竹島との間で破船して大半が死んでしまった。ただ五人だけが板につかまって泳ぎ、竹島へ流れ着いた。五人の中の一人門部金が竹を採って筏に作って、五人はそれに乗り神島に着いた。

とあり、これは遣唐使船の一船が薩摩半島沖で遭難しているのである。

○孝徳天皇、白雉五年（六五四）四月、吐火羅国の男二人、女二人、舎衛の女一人が、風にあって日向へ漂着した。

吐火羅は沖縄島ではないかと思われる。この船には男女がともに乗っていた。どこへわたろうとしていたものであろうか。

○斉明天皇三年（六五七）七月、覩貨羅国の男二人、女四人が筑紫へ漂着した。この人たちは、初め海見島（奄美大島）に漂着し、さらに筑紫へ来たのだという。日本への渡来を願っての人びとであっただろう。

○天武天皇八年（六七九）一一月、倭馬飼部造連を大使とし、上寸主光父を小使にして種子島に遣わしている。

あるいは南島路をひらくための調査ではなかったかとも考える。この使者たちは、一〇年に帰って来て種子島のことを報告している。それによると、髪を切り、草の裳（腰蓑か）をつけている。稲はゆたかにみのっており、一度植えると二度刈りとることができる。土地の物産としては支子、莞子（藺）、そのほかいろいろの海産物がある、とある。

○天武天皇一一年（六八二）七月、種子、屋久、奄美の人たちに禄を賜うた。

○持統天皇九年（六九五）三月、文忌寸博勢、下訳語諸田らを種子島に遣わして蛮人のいるところをしらべさせた。

蛮人たちは南方につながる種族であり、それによって南方の様子を知ろうとしたものではなかっただろうか。

『日本書紀』に見える記事は、朝鮮半島との交渉にくらべるならば、ほんのわずかにすぎないのであるが、とにかく南島をへて中国への道をさがしもとめたのである。そして六九九年（文武天皇三年）についに奄美、徳之島までの海の道をたしかめたのである。そしてさらにそのさきに沖縄、石垣などの島のあることを知る。南海への道をさぐりあてることにいかに長い歳月を要したかを知ることができるのであって、記録のみによって見るならば、沖縄と日本の交通は容易なものではなかったということになる。

しかし記録されざるところで、人びとの島から島への往来は見られたものであろう。きわめて短い表現であるけれども、持統天皇が使いを種子島に遣わして「蛮の居所を求めしむ」というのは、在来の島民のほかに南の方から来た人たちもいたであろうことを暗示する。そして異種の人びとがひとつの地域にそれぞれ仲間同士で居住するということは古い時代であればあるほど、ごく普通のことであったと思う。ちょうど倭人が朝鮮民族の間に小さい集落をつくって住みついていたと同じように、南の島々にも、北の島にも見られた現象であったと見ていい。ただ居住者の比率によって、それぞれの地域に差異の見られたことであろう。

それでは南島の道を往来した人たちは何を目的とし、何を求めて移動したのであろうか。そしてまた、そうした移動の原動力となったものは何であっただろうか。そういうことについてはよくわからないにしても、六一六年の屋久人の帰化は三〇人がすべて男のようであったし、六五四年、六五七年の場合は男女同船であったから、移住を目的としたものであったと考えてよい。すなわち島伝いの移住というのは、もとはしばしばおこなわれていたと見てよいのではなかろうか。そして小さな島々の居住民の移動の原因は、それらの島々の食糧不足にあったのではなかろうか。それぞれの島には居住人口の限定があった。沖縄の与那国島には人枡田というのがあって、その田に人が立って一杯になるまでの人数が許容されたというが、「この島は昔から家が何軒であった」という限定の例はしばしば見られた。キャプテン・クックが太平洋の島々を探検した記事の中に、人を食う習俗を持った島のことをいくつも報じているが、人口が増えてそのため生活が苦しくなれば調節をとらねばならなかっただろうし、食物欠乏などのおこったときは島脱出も工夫されたであろう。いわゆる交易のためというのでなくても、島を出ていかねばならぬような事情は何年かに一度はおこっていたものであろうし、また小さい島々がひとつだけで生きていくのではなくて、お互いに助けあわねばならないような事情はあった。奄美大島の北につらなる吐噶喇列島は、島が小さいのでひとつひとつの島に住む人の数はそれほど多くなかった。そうすると男が適齢期になっても結婚の相手のないことが多く、そのときは親島である奄美大島からあまっている女を配ったものであるといわれている。そうしなければ島で生存することはむずかしかった。

島と島との交易は必要なことであり、そのための往来もおこなわれていたであろうが、せっぱつまって島を出ていかねばならぬ事情は、時代をさかのぼればさかのぼるほど多かったであろうが、その島わたりをするためには船なり筏なりを利用せざるを得ない。そのとき鉄材も持たず、また大きな木も持たないような島で船を造り、海をわたろうとする場合には、船を造るだけで多くの歳月を要したであろうし、またその船に多くの人を乗せることもむずかしかったかと思う。女子供を乗せての移動ということになると、それはきわめて困難であっただろう。

小さな力で海をこえていこうとすれば、小さな木を集めて筏を作る工夫がなされたであろう。竹島に漂着した遣唐使の生き残りの五人が、竹で筏を作って島わたりをした話はそれを物語る。そのようにしてもなお海をわたったのは海の向こうに島が見えたからであり、島かげの見えるところに住む者は島と島をつないで往来し、島連合体のようなものをつくって生活をたてていたのではないかと思う。筏船による海の往来が無視できないのは、青柳洋治氏が「中国陶磁器のフィリピンへの渡来時期について」（「上智史学」二〇、一九七五年）の中で、宋代の『諸蕃志』（趙汝适著）を引用して、「毗舎耶は（中略）フィリピン中部のヴィサヤ（Visaya）族に擬てる説もある。後者の説が認められるなら、南宋の孝宗の淳熙年間（一一七四―一一八九）にフィリピンのヴィサヤ族は竹筏程度の粗末な舟でルソン島の北、ヴァシー海峡を越えて、即ち東洋針路を利用して、福建の海浜に出没していたといえる。しかしヴィサヤの本来の活躍の場は、ミンダナオ島の北岸から、スルー海にかけたフィリピン南西部の海域であったであろう」とのべている。事実この海域には、いまも筏船を多数見かけるのである。ただ筏船は解体すると、もとの形体をのこさない。そのためにそれが量的にどれほど利用されていたかを明らかにすることができない。そして筏船から次第に刳船へと造船の技術は進んでいったのではなかろうか。

　刳船を利用する場合、遠くへの航海をおこなわず、沿岸で漁撈にしたがうようなときには男女ともに船に乗って出かけることは少ない。多くは男だけが沖に出る。沖縄の糸満漁夫は小船を利用して沖縄島の周囲ばかりでなく、遠く他の島々にまで出かけていっており、その行動半径はきわめてひろい。そしてそれは近世に入ってのことであるか、あるいは古くからそうであったのか。

この人たちは男が沖に出、女は家におり、漁獲したものを売りあるいている。その使用する船はかならずしも大きくはないが、ひろい海をわたるときは二艘(そう)をならべて棒を横にわたしてそれに船をくくり、顚覆(てんぷく)を防ぐという。明治初年に先島(さきしま)の調査にしたがった田代安定はそうした船によって海をわたっている。

このような船はトンガには見られた。その船は臨時に二艘の船をならべて棒でつなぐのではなく、二艘の船をつないで、その上に棚を作り、そこで生活もできるようにした複式船である。そしてそれはかなり進んだ技術といえるものである。

南太平洋の島々に見られる船の多くは複式船ではなく、アウトリガーを持ったものである。沖縄の船にはそれがない。初めからなかったか否(いな)か明らかではないが、複式船の構想は持っていた。またアウトリガーと本船をつなぐ腕木の上に棚を作り、そこを住いに利用するものならばミクロネシアにも見られた。そのことによって耐浪性が著しく強くなる。

いまひとつ、私は昭和一五年、奄美大島から神戸へ帰る汽船の上から、沖縄人の乗るサバニ（小船）を見かけたことがある。ちょうどすごいようなスコールがすぎていったのであるが、そのとき、船に乗っている人たちはいちはやく船の上にシートを張った。彼らの身体はそのシートの上に出ていて雨にうたれていたが、こうすれば雨水が船の中に降り込まないし、波も打ち込まない。洋上では嵐をこのようにして避けるのであろう。小さい船を利用してひろい海をこえていく方法をそれで教えられたように思ったのであるが、この上に風を利用して帆を張れば、島から島への渡航はそれほど困難ではないであろうと思った。小船で大陸へわたろうとするにはこのような工夫はなされていたわけで、北方のアリュート族なども、甲板にも皮を張って船の中に波の打ち込まぬようにして海をわたり、川を上下している。そうして人口を多く持つ種族はその人口に応じた領海を持っていたといってよい。

このようなことをいってみたかったのは南洋の文化がどのように日本につながっていたかを考えてみたいからであって、ただ時間的な制限、あるいは人口圧のようなことも考えないで、歴史的な経過をたどるのではなく、人はまず生きていくためのグループをつくり、それが、災害であるとか、異民族による圧迫とか、人口増加の圧力によって移動をおこすのであるが、その移動の手段と方法がまた問題にせらるべきで、それぞれの手段と方法が、移動地への定住にさいして重要な生活手段にもなっていくと考えたからである。

そしてそのような観点から見ると、おなじ沖縄といっても、先島といわれる島々は古くは沖縄島とは系統を異にする文化圏に属していたのではないかと考える。そのことを暗示するものは、朝鮮の『成宗（せいそう）大王実録』に見えた朝鮮人の南島漂流記である。ここではこの実録について綿密な解説を加えた伊波普猷氏の『をなり神の島』（一九三八年、楽浪書院）によって見ていきたい。

これは成宗の一〇年六月一〇日、済州島の漂流人が琉球国から帰り、島々の風俗を語ることが奇異だったので、史官（しかん）に書きとらせたものである。彼らは成宗の八年すなわち成化（せいか）一三年（一四七七）二月一日柑子（こうじ）の貢物（こうもつ）を積んで出帆、楸子（たねが）島（しま）に向かう途中暴風雨に逢い、一四日間吹き流されて小さい島まで来たが、岸につかないうちに柁（かじ）が折れて船が沈没し、三人の者がかろうじて板片にかじりついて島に着き島民に救われた。その島が与那国島であった。島民の容貌は朝鮮人によく似ていたが、耳たぶに穴をあけ、小さい青珠を貫いたのを二、三寸ばかり垂らしたり、珠を貫いたものを首に三、四匝（そう）めぐらして一尺ばかり垂れている。男女ともはだしで履物（はきもの）をはいていない。男子は髪を絞（しぼ）って折り曲げたのを苧縄（おなわ）で束ねて、髻（たぶさ）を頭の上に載せている。釜（かま）・鼎（かなえ）・匙（さじ）・箸（はし）・皿鉢（さらばち）などの類がなく、土をねって鼎を造り、これを日干（ひぼ）したのち、藁火（わらび）でいぶすが、五、六日も飯を炊（た）くとこわれる。食物にはもっぱら米を用いる。飯は竹筒に盛る。握って拳大の形にしてたべる。羹をいれる器は瓢を用いる。酒には濁酒があって清酒がない。米を水につけておいて女にかませてカユにし、これを木桶にかもして酒にする。

人が死ぬと棺中に坐置して崖の下などに放棄して、土中に埋めるようなことをしない。船には柁や棹はあるが櫓がない。島民は文字を解しない。

朝鮮人たちは島人におくられて西表島に来た。そこでは女が鼻の両側に穴をあけて小さい黒木を貫いて、それがホクロのようである。また青珠の貫いたものを足脛のまわりにかける。食物は稲とアワを用いるが、アワは稲の三分の一しかない。ヤマノイモもある。

次に波照間島にわたった。この島には、キビ・アワ・オオムギがあるが米がない。男女とも耳を穿って小さい青珠を貫き、また珠を貫いて首にかけている。

次に新城島へわたった。ここでも青珠を腕と股にまいている。キビ・アワ・オオムギがあって、米は西表島へ行って買って来る。

朝鮮人たちは石垣島へは寄らないで多良間島へ来た。人家は五〇戸、キビ・アワ・オオムギがあって米がない。

多良間島から伊良部島へわたった。女は水晶の大珠を首にかけている。キビ・アワ・オオムギが主で米は少ししかない。酒を造るのに麴(こうじ)を用いる。

次に宮古島に着いているが、そこまで来ると沖縄島の文化圏の中に入って来る。つまり一五世紀の中頃までは、先島は南洋―フィリピンにつながる文化圏に属していたのではないかと考えるのである。そしてそこにはアワ・キビ・ムギなどを主食にする農耕民がいたのであるが、島と島をつなぐ船はきわめて小さいものであった。このように見て来ると、島伝いに北上する民族と文化の力はそれほど大きなものでなかったと見てよいのではないかと思うが、それがこれらの小さい島をへて沖縄島まで来ると、この島は大きく、移動民を受け入れる余力もあり、さらにその北の奄美群島も相当の人口を許容する力を持っていた。そういう島々でやや力をたくわえて九州にまでたどり着いた人たちも、長い間にはかなりの数にのぼったであろうが、その人たちの文化が日本列島の住民にどれほどの影響を与えたであろうか。在来の日本文化を大きくかえるほどの力は持たなかったように思う。

ただ、琉球列島から九州南部・四国南部にかけては、男は海に出て潜(もぐ)るが、女は海に出ることが少なく、また潜る風習もほとんどない。そこに南洋文化とのつながりを考えることができる。いまひとつ、あるいは琉球列島を通じて赤米(あかごめ)が入って来たのではなかったかと推定している。

ペリーの日本遠征にしたがって琉球をおとずれたジェームズ・モロー博士の『琉球の農業についての観察』（須藤利一『異国船来琉記』一九七四年、法政大学出版局、所収）によると琉球の農業がかなりくわしく、しかも正確に観察されている。この記録は一八五四年のもので、年代的には新しいものであり、沖縄島の畑はほとんど甘藷が作られていたが、同時に琉球大根が作られていた。それは非常に大きく豊富で、市場にはこの山があり、大根の大きさは二フィートから三フィートの長さがあり、見たところカブラそっくりであったというから桜島大根と同系のものであろう。

しかし琉球でもっとも重要な作物は米で、米は島の中央東部にもっとも多く、しかもよくできる。しかし低地のじめじめしたところで水が得られるところならば、山間の狭いところでさえ、どんなに小さくても、溝を掘り、畦を作って稲を植えている。そしてそれは苗を苗代で育てて移植するものであるが、その米は色はしばしば赤味をおびてシマがある。しかし味はよく、また滋養分に富んでいるとある。すると赤米を作っていたことがわかるのであるが、その米は短粒系だったのか、長粒系だったのか明らかでない。しかしおそらく赤米は、琉球列島を経由して日本に入って来たものが多かったのではなかろうか。

それについては嵐嘉一博士の『日本赤米考』（一九七四年、雄山閣出版）が大きな示唆を与える。日本で赤米がもっとも多く作られていたのは鹿児島全県下、熊本、宮崎の南部、高知県などであった。琉球列島伝いに日本列島へひろがっていったことを暗示するものである。

しかし赤米には短粒系のものもあり、対馬の南端に近い豆酘の多久頭魂神社の神田で作られている赤米も短粒系であるという。あるいはまた種子島の南端に近い宝満神社の神田で作られているものも短粒系である。ただし種子島には二つの系統の赤米があったという。つまり神田で作るもののほか一般水田で作る赤米も多く、それは色がかなり違い、味も違っていた。その米は明治三〇年代から次第に作らなくなった。それはこの地方へ熊本県の山鹿地方から犂耕の教師が何人も入り込んで来て、島民に犂耕の指導をするとともにそれまで作っていた赤米を白米にきりかえていったからだという。

もともと赤米には長粒系が多かったようであるが、赤米に関する記録は「正倉院文書」の天平六年（七三四）の尾張国正税帳に、

納大炊寮酒料赤米二百五拾九斛　充穎稲五千一百八拾束

とあるのが初見である。赤米で酒を造っていたのである。そしてその米は、正倉院に残る稲籾をしらべてみると長粒系の赤米ではなかったかという。つまり、この時期に赤米が日本で作られるようになっていた。そしてその赤米は尾張だけでなく丹波、但馬などでも作られていたことが、平城宮址から発掘された木簡によってわかるのである。木簡というのは地方から政府へ納める年貢に付けた札のことで、赤米に関するものには次のようなものがある。

山田郡建侶酒部枚夫赤米
……大傅部君麻呂五斗赤米
丹後国竹野郡芋野郷婇部古与曾赤舂米五斗
氷上郡井原郷上里赤搗米五斗
但馬国養父郡老左郷赤米五斗 村長語部広麻呂 天平勝宝七歳五月

右のうち山田郡というのは尾張国だと思われる。氷上郡は丹波である。このほかにも赤米を貢納した国は少なくなかったと考えられる。そしてそれは酒にも造られているほどであるから吉事の食物として用いられたのではなかろうか。後年、吉事に小豆をいれた赤飯を作るのは、もと吉事に赤米をたべたことに由来するものではないかと思う。そして「紫式部日記絵巻」によると、産養のときに赤飯を幼い皇子に供えているさまの描かれているのを見ることができる。多久頭魂神社や宝満神社の神田で赤米の作られたのも、赤米に何らかの呪性がみとめられたからであろうが、対馬では、多久頭魂神社のほかに島の北端に近い佐護の天神多久頭魂神社の神田でも赤米を作っており、種子島でも島の北端に近い国神神社の神田で赤米を作っていた。

赤米のことを大唐米といった。多分、唐で多く作られ、唐から日本へ伝来されたからであろう。『斉民要術』という六世紀初頭に編まれた農書によると、稲の種類の中に赤芒稲とか赤甲稲とよばれるものがあったことが見えている。多分、赤米のことであろうと思われる。なお右書によると、中国では酒を造るとき黍を用いることが多かった。黍は赤色をおびているので、酒の色は赤くなったと思われる。ところが、唐の時代からは黍にかわって赤米が用いられるようになったのではなかろうか。南北朝時代までは江北（揚子江の北）で赤米の作られることは少なかったが、次の隋、唐の時代になると江南の米も洛陽へもたらされるようになる。会昌二年（八四二）の白楽天の洛陽での詩に「稲飯紅きこと花に似、新酪漿を調沃す」とあり、赤米の飯にヨーグルトをかけてたべている。唐の時代に赤米が多く用いられるようになるとともに、日本へもたらされるにいたったと考えられる。そしてそれは南島路を経由して日本に達したものではなかったかと考えるのである。つまり遣唐使が南島路をとるようになったこととも、かかわりあいがあると考える。

それでは琉球でどのような米を作っていたかということについては、確たる記録を見たことがない。私自身の不勉強によるものであるが、それについては今後の研究に待たねばならぬ。ここにはわずかに一例をあげておく。

享和年間（一八〇一―〇四）からおよそ三〇年にわたって、薩摩藩で編纂された博物誌『成形図説』によると、唐乏、中秈（長粒米）は洋来であり、大稲秈は南海球美島で生まれたもの、糯秈（モチの長粒米）は餅にすると色が赤いので珍品とした。これはもと南島の中の米国の産であるとある。球美島は沖縄島の西方海上に浮かぶ久米島であろうと思うが、西表島にも古見があり、これもクミとよんだものであろう。米国はいまの与那国島で、琉球列島の最西端である。そして、そこで作られていた米が秈（長粒米）であり、しかも琉球の島々から長粒米がもたらされたというのである。その記録は一九世紀初期のものであり、赤米の日本への渡来を七世紀末から八世紀の初めと考えたいのであるから、その間に大きなひらきがあり、その間を埋める資料は持ちあわせていない。しかし、日本へもたらされた赤米は次第に各地に普及したと考える。

日本人の舌には赤米よりも白米の方が味がよいとされている。但し米のみをたべるのでなく、まぜ物をする場合には事情はかわって来る。それでは古くから白米があるのになぜ赤米を作りこれをたべたのであろうかというに、日本では早くから赤い色はめでたいもの、幸福をもたらすものと考えていた。そして祝事には赤が多く用いられた。食事にもまた赤色が用いられるようになったと考えるが、いまひとつは赤米は耕作収納にも便利であったのではないかと思う。赤米は大唐米とよばれたが、同時にトウボシともいった。唐法師から来た言葉で、法師は芒のない籾をいったものであろう。芒がないと、玄米にするのに手数のかかることが少ない。大唐米は手かずのかからぬことがひとつの条件になって、普及を見ていったのではなかろうか。しかし赤米の伝来が、琉球列島のみであったとは簡単に考えられない。朝鮮半島の南を経由して入って来たものもあったのではなかろうか。それは朝鮮半島の慶尚南道一帯にひろく作られているのが長粒米で、その長粒米がいつ頃から作られるようになったかは明らかでないが、唐が新羅の半島統一を助けたことに関係があるとすると、その時期を想定することもできる。朝鮮半島から日本へ伝来される文化はずっと古い時代は別として、律令国家成立以後はまず中央にもたらされたもののようである。

一一世紀初めに書かれたと見られる『枕草子』に「穂に出でたる田に、人いと多くて騒ぐ。稲刈るなりけり。『早稲とりしか、いつの間に』とはまこと、げにさいつ頃、賀茂に詣づとて見しが、哀れにもなりけるかな。是は女もまじらず、男の片手に、いと赤き稲の、本は青きを刈り持ちて、刀か何にかあらん。本を切るさまの安げに、めでたき事に、いとせまほしく見ゆるや」と見えている。赤い米を男たちが刈っているというのである。

私はこの文章に興味をおぼえるのである。男だけが稲を刈っている、という事実に。これについてはのちにくわしくのべたいが、あるいは半島の習俗が日本にもたらされていることを物語るものではないかと考える。いずれにしても、一一世紀初頭頃、京都付近、これは太秦へまいる途中のできごとであり、太秦が新羅と深い関係を持つ土地であることと思いあわせて、単なる偶然の現象ではないように思う。

しかし、赤米が日本列島の一般民衆社会へひろく分布を見るようになったのは、南島のルートを通ってもたらされたものが量的には多かったからではなかろうか。そのことは赤米の日本列島における分布を見ることによって推定される。

そしてその赤米は中国では浙江省地方に多く作られていたが、フィリピンなどでももとは赤米が全面的に作られていたという（三吉朋十『比律賓民族誌』一九四二年、偕成社)。

校訂者補注

※著者は中国大陸のこととして論述しているが、『続日本紀』では日本をさして「中国」といっている。

学術文庫版注

「オロッコ」の呼称は、北方少数民族「ウイルタ」に対する他民族からの蔑称として使用されていたという経緯をもつ。本書では著者が故人となっている事情もあり、原本のままとした。

三　日本における畑作の起源と発展

一　焼畑

　これまで日本における生産構造のうち、もっとも古い基盤になっている狩猟・漁撈・採取文化の上に、漁撈・稲作文化がどのように伝来し普及定着していったか、また赤米作・漁撈文化がどのように伝来し普及定着して来たかを見て来たのであるが、いまひとつ重要なことを説き落としている。それは畑作である。畑作の技術がどのように発達して来たかということは、もっともわかりにくいといっていい。しかし非常に重要な生産構造であった。

　畑作の前形式をなす焼畑については佐々木高明氏による『日本の焼畑』（一九七二年、古今書院）というすぐれた論考があり、戦前には小野武夫博士の『日本農業起源論』（一九四二年、日本評論社）があり、そのほか山口貞夫、佐々木彦一郎氏ら地理学者の研究があり、山口弥一郎博士の『東北の焼畑慣行』（一九四四年、恒春閣書房）という民俗学的な研究もなされていた。

　私もまた焼畑については深い関心を持っていた。戦前旅の途中で焼畑をしばしば見る機会を持ったし、宮崎県東米良、椎葉、高知県寺川（土佐郡）、石川県白峰（鳳至郡）、能登門前、山梨県棡原（北都留郡）などではかなりくわしい聞き取りをおこなうこともできた。そして焼畑は、狩猟・採取の延長として発生したものではないかと考えるようになった。

焼畑は多く山の中腹から上の緩傾斜面でおこなわれているが、火山地方では山麓にも見られる。そのはじめは、おそらくそこを掩っている木を焼き払うことによって、森林の中にひそむ猪や鹿を野へ追い出し、捕えることもあっただろうし、木立になっていないところに追い出した野獣は巻狩をすることも容易であったと考える。そのようにして木立を焼くことは少なくなかったと考えるが、その焼跡に生えたものは食糧として利用できるものが少なくなかった。まずワラビがある。下北半島の恐山の周辺では、大正時代まではさかんに野焼きがおこなわれていたという。焼けばかならずそのあとによいワラビが生えた。若い間はそれをゆでてたべ、根は秋になって掘りとって搗きくだき澱粉をとった。そのような慣習は下北地方ばかりでなく、秋田県の仙北地方、長野県乗鞍岳東麓などでも聞いた。かなり広い面積を焼いたようであった。それは焼畑の前形式と見てよいのではないかと思う。

佐渡などでは山を焼いたあとへダイコンをまいているが、もともとダイコンやカブラは野生のものではなかったかと思う。山を焼いたあとに作ったものには辛味がない。だからいまもダイコンを作るために焼畑をおこなっているが、東北・北陸の焼畑では古くはみなダイコン・カブラを作っていた。サトイモなども焼畑に作るとエグ味が少なくなったものである。つまり山を焼くことによって野獣を捕えるのに便利であるばかりでなく、焼跡には食糧に適する植物の生育も見られたのであろう。そうした経験が、焼いたあとへ一定の植物の種子をまいたり、あるいは根菜を植えるような作業を生み出していったのではないかと思う。このようにして山の頂近いところでも山を焼くことから植物の食糧化が進み、生活をたててゆくこともできるようになっていったのではないかと思う。そのような体験の積み重ねが、焼いたあとの地面を植物栽培に利用するようになっていったのではなかろうか。

だが人びとは山の頂近くに住んだばかりでなく、山麓や台地の上や、時には川のほとり、海岸などにも多数に住んでいた。それぞれの土地に生きていけるだけの条件があったからである。つまり野獣ばかりでなく、魚介を容易にとることのできる場所も少なからずあったし、土地によっては果穀類の採取の容易なところもあった。ドングリやトチの実は縄文の遺跡から発見されるばかりでなく、そうしたものを搗きつぶしたであろう叩き石や石棒あるいは石皿の出土はきわめて多い。そしてドングリ、トチの実などが食糧として利用された量は時代が下るとともに多くなっていったのではなかろうか。

それがいつ頃であったかを明らかにすることはできないが、ただ自然採取→山焼・野焼→自然管理→焼畑→定畑（常畑）という図式的な発達の仕方だけでなく、定畑の普及定着にともなって、その周囲に焼畑が並行しておこなわれるということも多かったのではないかと思う。それは日本各地に定畑の発達普及を見つつ、その周辺に焼畑が長くおこなわれ、焼畑耕作を必要とする人びとがのちのちまで山間地方に住んでいたことも見逃すことはできない。

焼畑耕作を必要とする人びとは移動性が強かった。狩人はその系列に属する者で、この人たちは野獣を追って山から山へわたりあるいたわけであるが、野獣の多いところには適当な場所を求めてしばらくは小屋掛けをして足をとどめたようで、周囲の山地を焼いて焼畑耕作をおこなうことが少なくなかったと考える。焼畑習俗を持つ村々には狩をおこなっているものが多いのである。青森県下北半島の畑・川名などはもと焼畑をさかんにおこなっていたし、秋田の阿仁（あに）（北秋田郡）付近のマタギの村々でも焼畑をおこなっていたと聞いた。九州山脈南部の山間の村々も早くから狩猟を生業の一部としているものが多いが、そこにもまたさかんに焼畑がおこなわれていた。そしてそれはまた近畿や中部の山地も同様ではなかったかと思っている。山間の村の祭には鹿や猪の耳や鼻を切って供えたり、その代用として餅を供えたりする風習のあるものが少なくない。これは追い追い調査して明らかにしていかなければならないと思っているが、狩猟関係の村に焼畑が多くおこなわれていたことは両者に深い関係があったと見てよいのである。狩猟だけでは生活がたたなければ植物性の食物にたよらざるを得なくなる。果穀類や根栽類の利用がさかんになっていったのは当然である。さらにその生育を助けるような手段として山地が焼かれることになったのであろうが、火が余って全山丸焼になることもあったであろう。

　狩猟民だけでなく、木材を伐採し利用する人たちもまた焼畑耕作によって食糧を得たのではなかっただろうか。石川県・福井県の白山麓の村々は焼畑のさかんなところであったが、この山地は鍬の棒をとっていた。鍬棒や鍬柄をとる村々は方々に見られたが、そこにはたいてい焼畑がおこなわれていた。柄の長い鍬を使用するようになったのは古いことであると思うが、それは多く山間地方で生産されたようで、私はそういう村を能登、会津奥、栗駒山の麓などに見たことがあった。そのほか杓子を作り、屋根板をとり、膳椀の素材をとる村々は山中に多かった。その素材を求めて移動することが多く、小屋掛け生活にあたっては、山地を焼いて耕作する方法が見られた。それも鉄製の刃物を持つようになれば木を伐りたおして火をつけることもおこなわれたであろうが、さらに古い時代には立木にそのまま火をかけることもあったであろう。その場合は自然鎮火を待たざるを得なくなる。ひろい面積が焼かれる場合も少なくなかったと思う。そしてそれが逆に山地への居住を容易にすることもあったであろう。

　山麓・台地などならば、立木や草を焼くことによって牛馬の放牧地をひろげてゆくこともできたはずで、狩から放牧へと動物の飼育もはじめられていったと見られるが、一三世紀の頃にはそのような牧場が青森県東部地方にまでひろがっていた。そしてそういうところにも焼畑はおこなわれたようで、焼畑耕作は狩猟・木工・放牧を生産手段とする人びとの間にはのちのちまでおこなわれていたのである。生産手段が原始的であるにしても、それを必要とする人びとが近代まで多数にいたことをも見逃せない。そして、しかもそのような耕作技術は近世に発達する人工造林にも必要とされて、大和や土佐地方では最近までさかんにおこなわれていたのである。大和吉野地方はスギの造林が近世初期からさかんにおこなわれたが、造林するためには、その土地に生えている雑木を一切伐りとらねばならぬ。伐りとってそれを焼き、そのあとへ植林するのであるが、いきなり苗木を植えるのでなく、二、三年は畑として利用し、ソバ、ヒエ、マメなどを作り、そのあとへスギを植える。そのようにしてスギの造林を進め、やがては山地の大半をスギの林で掩うようにしていったのである。

土佐の場合も雑木林を伐って焼き、ソバ、ヒエ、マメを作り、ここではコウゾやミツマタを植え、焼いてから一〇年近くはそういうことに利用したあとへスギの植林をおこなっている。この場合にはスギ造林の手段として焼畑がおこなわれたのであって、すぐれた山林経営であった。この両地方だけでなく、スギの造林のさかんになっていった地方を見ると、もと焼畑のおこなわれているところが多かった。だから焼畑がスギばかりでなくヒノキなどを含めた針葉樹の人工造林を進めていく上に、大きな役割を果たしていることを見逃してはならない。

それでは焼畑は自然採取から自然発生的に発生・発達していったかというように、どうもそれだけではなかったように思われる。

焼畑は日本ばかりでなく、朝鮮半島にも中国にも、東南アジアにも、台湾などの南方の島々にもおこなわれている。それらはすべて自然発生的なものであったか、あるいは相互関連があったか、この課題はこれから取り上げられねばならぬ。その先駆者として竹村卓二、佐々木高明氏の業績があり、ことに佐々木氏の研究活動は『熱帯の焼畑』（一九七〇年、古今書院）というすばらしい著書となって世に問われており、その研究活動はなお続けられているのである。

人類が農耕技術を持つようになったことの解明は実に大きな課題のひとつであるが、技術的には水田農耕の前に焼畑農耕・定畑農耕があったと見られる。そしてそれは日本でも同様であったと考え、その発達のあとをたどってみる必要がある。

しかし焼畑耕作もまた大陸に起源を持つものもあるかと思う。武蔵という国名はムサシとよむ。そしてサシは焼畑を意味する朝鮮語であるという。武蔵の西部山地から甲斐（かい）へかけて、サシまたはサスという言葉のついた地名が多い。指・差の字が書かれている。そういうところはたいてい焼畑をおこなっていたところである。東京の町の中の指ケ谷（さしがや）ももとは焼畑をおこなっていたところではないか。相模（さがみ）もサシガミから来たのではないかという。そうすると武蔵も朝鮮半島から渡来して来た人たちがこの地方に定住するようになって名づけられた地名ではないかということになるが、かれらの定住以前から武蔵の地名はあったともいう。

しかし、焼畑をサシまたはサスといって来たことだけは間違いない。ただしサシ・サスなどというのは関東西部が主で、東北ではカノ・カジノ、中部ではゾーリ・ゾーレなどといっているところが多い。草里・草連・蔵里・反などの字があてられている。石川県の白山麓ではムサシの言葉があり、静岡・奈良・九州の山地ではヤブ・ヤボといっている。中国地方ではキリハタの言葉を多く聞き、ただハタといっているところもある。九州ではコバといっているところが多く、木庭・木場・古庭などの字があてられている。言葉だけから見ていくと、焼畑は朝鮮半島を経由してのみ日本に入って来た農耕技術とはいえなくなる。

山を焼いてワラビの根を掘ったり、クズの根を掘って澱粉をとり、ユリ根やヤマノイモを掘るような作業は自然採取から自然管理へと必然的に発達していったものと思われるが、野山を焼いてその焼跡にソバ・ヒエ・ダイコン・カブラ・サトイモ・マメなどをまくということは、この国土の上に住む者のみの発明ではなく、これらの作物は大陸からわたって来たものが多かったのではなかっただろうか。

二　古代中国の農耕

そこで中国古代の農業について見る必要がある。日本の農耕技術、とくに畑作にもっとも大きな影響を与えたのは中国であったし、日本で耕作された明治以前の作物の大半も、中国から渡来したものであり、その起源が中国以外のものであっても中国を経由して日本にもたらされたものが多い。それは作物の名称の多くが、中国の呼称によっていることでも明らかで、日本固有のものというのは意外なほど少ないのである。そしてそれは畑作物において強い影響を見ることができる。

中国古代の国家は、北方の黄河（こうが）流域を中心にして成立した。そして成立の生産的な基礎をなしたものは畑作であった。そしてそこで作られたものは黍（モチキビ）・稷（ウルチキビ）・粟（アワ）などが多く、これを食物のもっとも重要なものとした。周（しゅう）・秦（しん）の頃の作物について見ると、やはりこれらが重要な地位を占めているが、ずっと時代が下ると、稷はウルチキビではなく高粱（コーリャン）（日本ではタカキビと称す）をさすようになる。また穀物の中に秬・秠（いずれもクロキビ）などと書くものがあるが、これはキビの類であり、アワは穀・粟・禾・粱・穈・芑などと書いた。そのほか、麦・豆・麻・稲なども作られた。豆は菽、麻の実は蕡、稲は稌と書いている。稷は粟とならんでもっとも多く、一般民衆の主食物であり、黍はそれよりやや上等の食物とされていた。そして、後漢時代（二世紀）の鄭玄という学者の古典の注釈には「豊年のときは賤しい者といえどもこれを食べる」といっている。また稗は卑しい食物とされて五穀に入っていない。五穀というのは、麦・稷・黍・麻・豆（『呂氏春秋』「審土篇」『礼記』「月令篇」）をさすこともあるし、黍・秫（モチアワ）・豆・麦・稲（『管子』「地員篇」）としているものもある。漢の時代になって、江南地方までがその勢力範囲になると、そこでは稲が多く作られていて、米が主要な食物として登場して来ることになるが、秦以前にあって華北で米の作られることは少なかったようである。

さてキビ・タカキビ・アワ・ムギ・マメのような作物は日本で定畑の発達にともなって作られるようになるが、焼畑耕作時代にはほとんど作られていなかったと考える。ということは後世の焼畑の作物を見てもキビ・タカキビ・ムギなどはほとんど作られていない。焼畑で作られたものは、定畑でも作られていたが、作り方に若干の差があった。たとえばヒエは焼畑ではほとんど全国にわたって作られていたが、定畑ではこれを作らぬところの方が多かった。逆にアワは焼畑で作るよりも定畑で多く作ったし、ソバは焼畑ではかならず作らねばならぬものとされていた。また焼畑ではムギはあまり作らなかった。焼畑の作物は夏作が多かった。

ところが、その焼畑のうち、四国や近畿・中部の山地ではサトイモを作ることが少なくなかったが、日本海斜面に属する焼畑ではサトイモを作ったという話をほとんど聞かない。そこではダイコンやカブラを多く作った。佐渡にはいまも焼畑でダイコンが作られている。ダイコンはもと主食のひとつであった。

おそらく古い時代には焼畑と定畑は作物の上にはっきり差が見られ、それも日本海斜面と太平洋斜面とにも若干の差があったのではないかと思う。そして日本海斜面で作られているものは、朝鮮半島を経由して日本に渡来したものではないかと思う。朝鮮半島から満州東部一帯は、もとは焼畑がさかんにおこなわれたところであり、焼畑ではヒエをさかんに作った。焼畑のことを火田（かでん）といった。そして火田のみによって生活をたてている者が少なからずおり、それを火田民といった。火田で作るものはヒエだけではなく、定畑で作るものをほとんど作っていたが、収量が少ない上に夏作に限られているので冬をこえて春になる頃には食うものがなくなり、火田民を春窮（しゅんきゅう）民ともいった。ヒエは定畑でも多く作られるようになって、火田と定畑の作物の区別は、なくなっていく。

さて日本では焼畑は定畑に先行したものであったかとも思うが、焼畑で作られているものも、多くは渡来作物であるところからすると、日本における焼畑はあるいは定畑の発達につれて、定畑のみで生活のたたない者が焼畑をおこない、むしろ焼畑は定畑を支えた副次的な意味を持つものではないかと思う。日本にはどうも火田民のように焼畑耕作をおこないつつ、山地を移動してあるく仲間はなかったようである。仮に日本で火田民に比定するものを求めるとすると、さきにものべたように狩猟、木工、放牧に関係のあった人びとではないかと思うが、木工と、牛馬放牧の技術は大陸文化の流入とともに発達していったのである。

三　渡来人と農耕

それでは日本で焼畑と定畑を発達させていった根幹になる人びとはどういう人であったろうか。私は大陸から朝鮮半島を経由して日本に渡来した人びとではなかったかと考える。その暗示を与えてくれるのが陸田をハタとよぶ言葉である。ただしハタはハタケとよぶこともある。山口県では焼畑のことをハタとよび、定畑のことをハタケまたはシラバタケとよんでいた。畠と書くのがそれにあたり、火田と白田は区別されていた。しかし陸田をハタまたはハタケとよんでいることは興味深い。ところで秦の字もハタとよんでいる。ハタ耕作を伝えたのがこの人たちではなかったかと考える。さらにまた織機をもハタといっているのは秦人がその技術を伝えたものではないかと思っている。もとより秦人のみが畑作農耕や機織の技術を伝えたのではないが、この仲間が日本の生産技術の進歩に貢献したことはきわめて大きかったので、この人びとのことを中心に日本における畑作のことを考えていってみたい。

日本へ最初にわたって来た秦人は融通王だといわれている。『日本書紀』によると、応神天皇の一四年に弓月君が百済から来朝したとある。弓月君が融通王である。弓月君が日本へ来ていうのに、「自分の国百廿県あまりの人びとを連れて出かけたところ、新羅が邪魔をしたので、加羅国（任那）へおいて来た」と。そこで大和朝廷では葛城襲津彦を加羅国へやって弓月君の部民を日本に連れて来るように命じたが、三年たっても帰って来なかった。

そこで一六年の八月、平群木菟宿禰、的戸田宿禰を加羅に遣わし、精兵を授けて「襲津彦が久しく帰って来ない。かならず新羅人が邪魔をしているのだろうから、直ちに出かけていって新羅をうって道をひらけ」と天皇が命じた。そこで二人は新羅の境に兵を進めた。新羅王はおどろいて道をひらいたので、弓月君の部民と襲津彦を連れて帰って来た、とある。

秦氏のことはその後『日本書紀』にはほとんど記載がない。この家は中央には勢力を持たず、地方へばらばらに散って生産にしたがったものと考える。もう一度『日本書紀』に登場するのは雄略天皇一二年で、その年の一〇月に、大工の闘鶏御田という者が楼閣を造るのに飛ぶように速いのを見て、伊勢の采女がびっくりして庭に倒れ、天皇へ奉るお膳を落としてこわした。そこで天皇はその大工を殺そうとした。そのとき秦酒公が琴にあわせて、

神風（かむかぜ）の　伊勢（いせ）の
伊勢の野（の）の　栄枝（さかえ）を
五百経（いほふ）る析（か）きて
其（し）が尽（つ）くるまでに
大君（おほきみ）に　堅（かた）く　仕（つか）へ奉（まつ）らむと
我が命も　長くもがと
言ひし工匠（たくみ）はや
あたら工匠はや

（日本古典文学大系67『日本書紀　上』岩波書店）

とうたった。天皇はそれを聞いて罪をゆるしたとある。

その頃、秦の民はちりぢりになって、豪族たちにこき使われ、秦造（はたのみやつこ）の管理の下にはなかった。そこで、秦酒公はそのことを天皇に訴えた。天皇はその訴えを聞いて秦の民を秦酒公の管理におくことにした。その頃、秦の民は一八〇の勝部（すぐりべ）になっていた。勝はカチとよむが、スグレルともよむ。ここではスグリとよむのであろう。スグリは村主であろう。村の長であろう。つまり、その頃、秦の民の中に村主を務める者が一八〇人にものぼっていたと見てよいのではないかと思う。

秦の民が酒公によって統一されると、酒公はそれらの人びとから作り物や調・絹縑などをたくさん朝廷に奉ったので天皇は酒公にウズマサ（太秦）という姓を与えた。一六年には天皇は国や県に命令して桑を植えしめた。

『日本書紀』の記事をそのまま信じてよいか否かは別として、秦氏の一族は中央の政治に関与することが薄く、早くから地方に散在して、生産にたずさわっていたことは間違いない。『日本書紀』欽明天皇の元年に「秦人・漢人ら諸蕃の帰化したものを国郡にそれぞれ定住させて戸籍を編んだところ、秦人の戸数は七〇五三戸にのぼった」とある。そこで大蔵掾秦大津父を秦伴造にした。

それでは秦人すなわち秦部はどの地方に多く住んでいたかというと、大和、山城、河内、摂津、和泉、近江、美濃、若狭、播磨、讃岐、伊予など都に比較的近いところに多く、遠く関東にも及んでいた。

とくに山城盆地には早くから住んで、そこに大きな勢力を持つようになっていた。まず大和から山城に移って来た鴨氏は秦氏の聟になったことから、賀茂神社の禰宜を秦氏が務めるようになった。また松尾大社は大宝元年（七〇一）に川辺腹の秦忌寸都理が日埼の岑から松尾に勧請して、子孫がその祝になったという（『本朝月令』）。
山城伏見の稲荷神社も秦氏が祀った。『山城国風土記』逸文に「伊奈利の社、いなりというのは、秦中家忌寸らの遠祖伊侶倶の秦公が稲を積んで富み栄えていた。あるとき餅を的にして射たところ、餅は白鳥になって飛びあがり、山の峯にいたり、稲が生え育った。そこで社の名とした」とあって、餅の的の伝説が伝えられているのである。

京都から嵯峨へいく途中に太秦というところがある。そのあたりも秦氏の故地で、そこに広隆寺がある。広隆寺は秦河勝が建てた。『日本書紀』推古天皇一一年（六〇三）に「聖徳太子が諸臣に、私は尊い仏像を持っている。誰かこの像を祀らないかというと秦造河勝が、私が祀りましょうと受けて、蜂岡寺（広隆寺　学術文庫注）を建てた」とある。

秦氏は欽明天皇の頃から朝廷と関係を持つようになり、河勝の頃になると大きな実力を持って来たと見られる。そして朴市秦造田来津は古人皇子に属して大化元年（六四五）に謀反をおこそうとしたことが露われて、古人皇子は殺された。田来津は事なきを得た。この頃から、次第に政治的な争いの中へもまきこまれていったようである。斉明天皇七年（六六一）に、天智天皇が百済回復のため軍をさし向けたとき、その将として出陣した者に小山下秦造田来津がいるが、これは朴市秦造田来津のことで、白村江（はくすきのえ）の戦いのとき（六六三）、日本軍は唐の軍に大敗するのであるが、「朴市田来津、天を仰（あお）ぎて誓い、歯をくいしばり、いかりて、数十人を殺してここに戦死す」とある。

右にのべた人びとは、秦氏の中でも主流をあるいた人びとである。しかし、秦人は六世紀中頃には全国に七〇〇〇戸をこえるほど分布を見ていた。当時は、一戸に一五人は居たと思われるから、人口にすると一〇万人をこえていたと見ていい。それが、地方にどのように分布定住していたか明らかでないが、古代の戸籍残簡（ざんかん）の中に秦人及び勝部の記載が少なからずあるので、少しめんどうでもあげておこう。ただし、出典は『日本上代に於（お）ける社会組織の研究』（太田亮、一九二九年、磯部甲陽堂）によった。

1美濃国加毛郡半布里戸籍　五四戸の中

　秦人　一九戸　　秦人部　三戸　　不破勝族　二戸

2豊前国上三毛郡塔里大宝二年（七〇二）籍　六戸の中

　秦部　一戸　　塔勝　四戸　　強勝　一戸

3豊前国上三毛郡加自久也里大宝二年籍　三戸の中

河辺勝　一戸　秦部　一戸　上屋勝　一戸

4 豊前国仲津郡丁里大宝二年籍　三〇戸の中

丁勝　五戸　秦部　一三戸　高屋勝　一戸　古溝勝　一戸

狭度勝　六戸　川辺勝　四戸

5 山城国愛宕郡出雲郷雲下里神亀三年（七二六）計帳　一四戸の中

秦高椅　一戸

6 右京計帳

秦小宅　一戸　秦常忌寸　一戸

7（国郡未詳）計帳

秦　三戸　秦人広幡　三戸

秦倉人　二戸　秦川辺　一戸

これによると美濃、大和、山城、豊前に秦人がおり、豊前塔里、同加自久也里、同丁里のように一里全部が秦人から成っていたもののあったことが知られる。

こういう文章を読まされる者はたいへん退屈するかも知れない。しかし私にとってはたいへん重要な問題なのである。そのはじめは中国にいた秦の一族が朝鮮半島に移住し、さらに日本にわたって来て各地に分散した。各地に分散したということはこの人たちを必要とする世界がそこにあったからである。そして中にはひとつの地域を秦人で占めて村を作ったこともある。時には他の部民たちと共に村を作ったこともある。戦によって、そこに住んでいるものを排除して住みついたのではない。その多くは、そこに住んでいる人の間に入り込んで住んだのである。そして高い生産技術を持ち、その地域の生産活動のリーダーになっていたかと思われる。そのことを物語るものに平城宮址から発掘されている木簡がある。その中には、地方から中央へ貢納された庸・調とよばれる貢納物に付けられた荷札が多かった。その荷札には品目名、数量、貢納代表者名、その居住地名、年代などが記されている。私はその荷札に記された文字を見て、その中におびただしい秦姓を発見した。これも面倒でもここに列記しておきたい。

1若狭国遠敷郡青里　御贄多比鮓一塥
　秦人大山

2若狭国遠敷郡野郷野里　調三斗
　秦人文屋　〇〇九月〇〇

3 紀伊国安諦郡幡陁郷　調塩三斗
　秦人小麻呂　天平〇〇

4 阿波国板野郡井隈戸主波多部足人戸　白米五斗
　秦人豊日

5 　秦人君瓜十顆

6 ……待秋山□百丁□□人秋秋□□
　…秦甘□□根根広成宝宝広広広

7 民部省召 波多足□山□ 贄土師佐美万呂

8 播磨国赤穂郡大原□
　五保秦酒虫　赤米五升

9 讃岐国三木郡池辺秦□……

10 未選秦人行
　仕丁建部乙公

11 □□　□　「□□□」
　仕丁□諸公 四 「五升」 矢田宇佐万呂一升二
　□□□□　日下部小人一升二

綾［　　］□　秦伯万呂八　□
倉□□□八　林大宅　□
12　　秦公麻呂
13　去上留省大初位上秦忌寸祖足年……
14　死大初位下秦忌寸□麻□
15　□秦人真田麻呂　年卅四
　」　近江国愛智郡人
16　　秦忌寸祖足年……
17　……秦虫麻呂年
18　……秦佐智麻呂
19　　秦歳島
20　讃岐国香川郡□□里（秦広嶋／□五斗八升）
21　□首金島　秦□□麻呂
　津守咋万呂　石作連五百国
22　（近江）神前郡高屋里
　　秦虫一裏

23 備前国上道郡掲勢里
秦部犬養　二人傭米
秦部得万呂

24 若狭国遠敷郡 青里戸主秦人麻呂戸 秦人果安御調塩三斗

25 丹波国船井郡出鹿郷曾尼里
秦人□□　米
（尾張）

26 □部斐麻呂　布志「
別□人　秦人□□
主□丙麻呂　別君□□
秦人□麻呂

27 伊豆国田方郡棄妾郷
戸主秦忌「

28 讃岐国香川郡原里
秦公□身

29 若狭国小丹□□□部里

（藤原宮木簡）

秦人□□斗　丁酉年

30若狭国小丹生評木ッ里　（藤原宮木簡）

秦人申　二斗　庚子年四月

31草原一人　□

□一人　済一人

32（播磨）赤穂郡大原郷

秦万呂

戸主秦造吉備人

このように書きならべてみるといろいろのことがわかってくる。木簡に記されただけでも秦人は伊豆（静岡）、尾張（愛知）、近江（滋賀）、若狭（福井）、丹波（京都）、紀伊（和歌山）、播磨（兵庫）、備前（岡山）、阿波（徳島）、讃岐（香川）などにわたっている。そして百姓（生産者）として、それぞれの土地で生活をたてていたことがわかるのである。中央政府に仕えて覇権をふるったのではなく、地域社会に住みついて米を作り、畑作をおこない、塩を生産し、漁撈をいとなみ、それも秦人だけが集団を作っているばかりでなく、他の部曲の人びとと共同して生産にたずさわっていたこともわかる。

ただ秦人は秦人として周囲の人びとには意識されていたと見えて、かならず秦人と書いている。後世に秦という姓を名乗る人を多く見かけるようになるが、そういう家は秦人と何らかのかかわりを持っていると考えてよいのではなかろうか。

そして、ここにはたまたま木簡が残っていて、その中から拾いあげて見たのにすぎないのだが、秦人の居住した地域はもっともっとひろかったと考えてよい。

そのことは『倭名抄（わみょうしょう）』に見えたハタ郷の分布によってうかがわれるのである。この場合のハタは秦と書くことは少なく、幡・幡多・八多・幡田などの字の用いられているものが多い。

常陸国	新治郡	大幡郷
	河内	真幡
	茨城	大幡
	鹿島	幡麻
	那珂	幡田
下総	匝瑳	幡間

武蔵	幡羅	上秦	下秦
武蔵	都筑	高幡	幡屋
相模	餘綾	幡多	
佐渡	雑太	八多	
遠江	麁玉	覇多	
	長下	幡多	
三河	渥美	幡太	
伊勢	壱志	八太	
近江	神崎	小幡	
山城	相楽	蟹幡	
大和	高市	波多	
河内	茨田	幡多	
丹波	何鹿	小幡	
摂津	豊島	秦上	秦下
	有馬	幡多	
但馬	三方	八太	

出雲	飯石	波多
備前	上道	幡多
備中	下道	秦原
備後	御調	伯多
長門	厚狭	小幡
淡路	三原	幡多
土佐	幡多	
豊前	築城	綾幡
肥後	飽田	加幡
	天草	波太
薩摩	薩摩	幡利

なお八田と書いてヤタと読む郷名がいくつかある。ヤタが焼畑を意味するものとするならば、焼畑の多くおこなわれた土地と見てよいのではないかと思う。そこでヤタ郷のあるところもあげておこう。

上野邑楽郡、同多胡郡、駿河益頭郡、三河幡豆郡、尾張海部郡、加賀江沼郡、能登国能登郡、越中礪波郡、丹波何鹿郡、摂津八部郡、大和添下郡、備中下道郡、周防吉敷郡

などにその名を見出す。八幡という地名も焼畑から来たものであろうといわれているが、『倭名抄』にはその名を見出さない。なお焼畑は秦人の来住以前にすでにおこなわれていたものと考えられるので、これらの地名をいきなり秦人に結びつけて見ることはできない。

これによって見ると、東北地方を除いて、秦人は関東から中国・四国の間にひろく分散して住んでいたことになる。もとより一郡一郷がすべて秦人の居住で充たされていたのではない。さきにものべたように在来人と混住していたのであるが、そうした中で秦人の勢力が強いところが秦郷を称したのではないかと思う。

さて秦人が秦人とよばれるようになったのはいつ頃からのことであろうか。『古事記』『日本書紀』では秦をハタとよんでいる。しかし日本へ渡来して来た頃には、秦人の秦はシンに近い発音であったはずである。あるいは火田という言葉の発音がハタに通ずるものがあり、火田をハタとよぶようになったかと考えるが、それについては

私自身まだこまかな検討をしたことがない。火田の民であるゆえにハタビトとよび、ハタビトの耕作するところをハタとよびならわしたのではないかと、今日のところたいへん都合のよい解釈をしているのであるが、それはむしろ私の学のいたらぬためである。

いずれにしても焼畑は水田農耕以前からおこなわれていたのではないかということはさきにものべたところであり、古く狩猟のさかんであった地域に山を焼く風習のあったことについてものべて来た。とにかく山を焼くとそこにおける植生はかわって来るし、またかえることもできる。植生のかわることから植物の管理がおこり、農耕への展開が見られるとすると、狩猟のおこなわれるようなところにはおのずから焼畑の発達が見られたということになるが、そこで野生し、人間に利用されたものとなると根を利用したものが最初ではなかっただろうか。その中にワラビがあっただろうということはさきにも書いたが、そのほかにクズの根、ダイコン、カブラなどももとは野生であったものが山野を焼くことによって焼跡に繁生するようになっていったものではないかと思う。

土は焼くことによって酸性から微酸性にかわっていく。土壌の酸度によってそこに育つ作物はかわっていくものである。たとえば定畑の作物の間に茂る草は、一般の野草とはおのずから異なるものがある。農地を荒らして三、四年もたつと、そういう草は茂らなくなってチガヤのようなものが茂って来る。酸性の強い火山灰土地帯では、ほとんどカヤの系統の草が茂るが、酸性が緩和されて来ると畑に茂る雑草とおなじようなものが茂りはじめる。かつて副食物として利用されたと見られるセリ、ナズナ、ハハコ、ハコベ、オオバコ、ダイコン、カブラなどは、そうした酸性の緩和された土壌に育つものであり、野を焼くことによって、そういうものが茂るようになったのだと思う。

そうした中にあって、大陸からの渡来民を迎えるようになる。渡来民は、移住を目的としてやって来るものである。女たちを交じえた家族が、その住みなれた土地をはなれて新しい世界を切り拓こうとするのであるから、新しい世界へ住みつくために、作物の種も持参して来たはずである。そしてそれらを栽培することによって生活をたてる計画もしたであろう。

ここにいう大陸は朝鮮半島である。朝鮮半島に居住した人たちはそのはじめ、いまの東北（旧満州）のあたりから南下したものが多かった。濊・貊とよばれる種族はそれぞれ朝鮮半島に定住して国をつくる。北方民族の農耕は多く畑作であり、畑で作られたものはアワ、キビ、マメ、ムギ、ヒエなどの穀類であり、これらの人たちの日本列島への渡来によってそれらの穀物が日本へももたらされたと考えられる。とくに早く日本に来住した秦人の日本列島各地への分住によって畑作の発達は大きく普及していったので、陸田（りくでん）をハタとよぶにいたったのではないかと考える。

しかし日本に渡来した大陸人は秦人だけではなく、のちになると新羅（しらぎ）・高句麗（こうくり）・百済（くだら）からも多く渡来し、それが日本列島の各地に分散定住していくようになる。そこで面倒でももう一度『倭名抄』の中から渡来人の定住したと見られる郷名をあげてみよう。

陸奥国	柴田郡	新羅郷
上野	多胡	織裳
	甘楽	
	片岡	多胡
下総	葛飾	桑原
上総	周淮	勝部
武蔵	久良	服田
	多磨	狛江

	新座	(旧新羅郡)
	高麗	高麗
	児玉	
伊豆	田方	鏡作
三河	八名	服部
伊勢	桑名	桑名
	奄芸	服部
	壱志	呉部
伊賀	阿拝	服部
甲斐	巨麻	
信濃	諏訪	桑原
	筑摩	錦服(にしごり)
美濃	安八	服織
	山県	大桑
佐渡	羽茂	八桑
加賀	石川	大桑

越前	今立	勝戸　勝部
近江	滋賀	錦部（にしごり）
	野洲	服部
	浅井	錦部
	高島	桑原
山城	愛宕	錦部
	相楽	大狛（おおこま）　下狛
大和	葛上	桑原
	城下	鏡作
	山辺	服部
河内	錦部	百済
	大県	巨麻
	若江	巨麻　錦部
摂津	百済	
	西成	安良
	島上	服部

	豊島	桑津	
丹波	桑田	桑田	漢部
但馬	朝来	桑市	
因幡	法美	服部	
	気多	勝部	
伯耆	久米	勝部	
播磨	揖保	桑原	
美作	久米	錦織（にしごり）	
備前	邑久	須恵	服部
備中	賀夜	服部	
備後	品治	服織	
	世羅	桑原	
安芸	安芸	漢弁	
	佐伯	桑原	
紀伊	伊都	桑原	
阿波	麻殖	呉島	

伊予	温泉	桑原
土佐	吾川	桑原
筑前	志摩	韓良
筑後	上妻	桑原
豊前	築城	桑田
肥後	飽田	蚕養
	託麻	桑原
	葦北	桑原
日向	児湯	韓家
大隅	桑原	
	肝属	桑原

右の中でもっとも多いのは桑原（くわはら）・桑田（くわた）・大桑（おおくわ）・桑市（くわいち）の二〇で、これは桑が多く作られたところであり、したがって養蚕（ようさん）のさかんなところであったと思う。養蚕をおこなったところには蚕養（こがい）という郷があり、また繭（まゆ）のことをコダマといった。武蔵（むさし）の児玉郡は繭の産出の多かった地方と思われる。桑を植え、蚕を飼うことを指導したのは秦人

であるといわれている。雄略天皇に庸・調として絹縑を奉り、太秦の姓を賜ったことはさきにも書いた。織機をハタと読むのも秦に関係するものであろうこともさきにふれたところであるが、機織は別に中国の南朝の呉からも伝えられた。雄略天皇の一四年正月に身狭村主青らが呉国の使いとともに漢織、呉織、衣縫兄媛、弟媛らを連れて住吉津へ帰って来た。そして呉人を大和の檜隈野におらしめて呉原と名づけ、衣縫兄媛を大三輪の神に奉り、弟媛を漢衣縫部とし、漢織、呉織、衣縫は飛鳥衣縫部、伊勢衣縫部の先祖となったとある。

呉というのは中国の揚子江南部の地域で、その頃は中国は南北朝時代であり、宋という朝廷が支配していた。そして宋という国には『宋書』という史書が残されており、それには倭国王讃（仁徳）・珍（履中）・済（反正もしくは允恭）・興（允恭もしくは安康）・武（雄略）が入貢したことが見えている。そして武が雄略天皇で『宋書』の「順帝紀」昇明元年（四七七）一一月の条に「倭国が遣使して方物を献じた」とあり、『宋書』の「倭国伝」の方には「〔武は〕使持節・都督 倭 百済 新羅 任那 加羅 秦韓 慕韓七国諸軍事・安東大将軍・倭国王と自称した」とある。そして順帝の昇明二年（四七八）に武が使者を遣わして、上表文を奉った。その上表文には「わが国は〔中国から〕遥か遠くにあって、外夷に対する天子の藩屏となっている。わが先祖は、代々みずから甲冑をまとって幾山河を踏みこえ、席の暖まる暇もなく戦って来た。東方の毛人を征すること五十五国、西方の衆夷を服すること六十六国、海をわたって北方（朝鮮）を平げること九十五国にものぼった。王道は遍くゆきわたり、領土をひろげ境域は遠くまで及んだ。しかも歴代の倭王は、宗主〔たる天子〕のもとに使者を入朝せしめ、その年限を違えることがなかった」とある。

江南の地に南朝がつくられ江北の北朝に対するようになって以来、倭国は南朝に入貢することになり、中国南方の文化がより大きく取り入れられることになった。そしてその中に服部や錦織部もあり、機織のことは秦人だけでなく中国江南から渡来して来た人も多く、服部（服織部）一二郷、錦部（錦織部）六郷にのぼっている。

さらにまた桑原郷の中には秦人居住が主でないものもあった。『続日本紀』天平宝字二年（七五八）六月の条に、

> 大和国葛上郡の人従八位上桑原史年足ら男女九十六人、近江国神崎郡の人正八位下桑原史人勝ら男女一千一百五十五人が同じように申し上げていうに「伏して去年天平勝宝九年（七五七）五月二十六日に勅書をうけたまわるに、内大臣（故藤原鎌足）、太政大臣（故藤原不比等）の名を称してはいけないとある。年足・人

勝らの先祖で後漢の苗裔である鄧言興ならびに帝利らは、難波高津宮の天皇（仁徳）の世、高麗（高句麗）から転じて日本に帰化した。今数姓にわかれているが、もとこれは同祖である。望み請うらくは、（史は不比等と同音であるので）勅によって史の字を改めて同姓をいただきたい」そこで桑原史、大友桑原史、大友史、大友部史、桑原史戸、史戸の六氏は桑原直姓を与えられた。

とある。桑原を名乗る者は高句麗から渡来した鄧言興・帝利の子孫ということになる。この仲間の住んだ桑原郷もまた少なくなかったと考える。但し史というのは文筆にたずさわる者であって、桑原氏は農民といい難い者が多かったと考える。

勝部は秦氏の属する部曲で、のちにはカチベとよばれた。それを名とする郷が五つある。そこでも農耕はさかんにおこなわれたと見られる。

そのほか、農耕や手職にしたがった渡来民を『日本上代に於ける社会組織の研究』（前掲）によって見ると次のようである。

漢人　若江　赤染　次田赤染　朝妻　刑部　河内　工　楢原　志賀閉

百済　飛鳥　伊部　宇奴　大丘　縵　百済　薦口　杉谷　豊村　波多　呉服　広

井　山河

新羅　糸井　坏作（つきつくり）　日根

高麗　大狛　黄文　狛　高井　福富　日置　松川　八坂　私（きさいち）

任那　大伴　加羅

これらの中には農耕にしたがった者も少なくなかったと考えるが、その数は秦人にくらべると、それほど多くはなかったのではないかと考える。そして繁殖力も秦人にくらべるとかならずしも旺盛ではなかったようである。ただし秦人は弓月君（ゆづきのきみ）の後裔（こうえい）だけでなく、のちに帰化した己智（こち）とよばれる秦氏もあった。いずれにしても秦人の場合はひろく民間に流布（るふ）定着したから、雄略天皇のとき小子部雷（ちいさこべのいかずち）を遣わし、大隅（おおすみ）と阿多の隼人（はやと）らを率いて秦人を全国にわたって探し集めさせたとき、わかっている者だけで九二部一万八六七〇人にのぼったというから（『新撰姓氏録（しんせんしょうじろく）』）、その人数ばかりでなく、指導力もすぐれたものであったと考えてよい。

このようにして秦人を中心にして畑作も機織（はたおり）も進んでいったものであろう。秦人と畑の関係に早く着目したのは橋本鉄男氏である。橋本氏は早くから木地屋の研究に没頭して来た。そして「正倉院文書（しょうそういんもんじょ）」のうち近江愛智郡関係のもの三十余通の文書、記

録、銘文などに署名している住民のほとんどが秦氏であることを指摘している。そこで同氏の秦人の表をここにあげておく（『ろくろ』一九七九年、法政大学出版局）。すなわち、

依知秦公　七一
依知秦　三〇
依知　三
秦公　六
秦人　四
秦　三
秦忌寸　三
大蔵秦公　二
依知秦前公、抗石秦公、秦前、秦真　各一

となっている。八世紀の頃、この地方には秦人が実に多く住んでいたことがわかるのであるが、天平宝字六年（七六二）に近江石山寺の造営されたときにも、この工事に

参加した多くの秦人のいたことを「正倉院文書」の中に見出すことができる。ここではその文書を研究整理した福山敏男博士の「奈良時代に於ける石山寺の造営」（『日本建築史の研究』一九四三年、桑名文星堂、所収）によって見よう。

秦足人　足庭作領にいた司工であるが、「その身ありといえども物を作るあたわず、よって替を請う」とあり、新たに秦広津が加えられた。

秦九月　木工、位は少初位上であった。

秦広万呂　土工で日雇であり壁塗をしている。

己智帯成　己智は秦氏であったと思われる。仏工であった。

簀秦豊次　画師であった。近江犬上郡在住。

秦小鯨　櫃工で田上山作所で働いていた。

当時伊賀の杣だけでも日々約一一〇人が働いていたというのであるから、この人数はほんの僅かであったというにすぎないが、名を出さない者の中に多数の秦人のいたことは想像されるのである。しかし工匠の役柄は秦氏が独占していたのではなく、船木、勾、他田、丸部、甲賀、穂積、丈部など多くの異姓の者を見出すのであって、八

世紀の頃には工匠の技術を持った人がおびただしくおり、それらはそれぞれ地方に住んでいた。たとえば勾猪万呂は飛驒、丸部男公は近江、穂積川内は美濃山県郡、三島県主豊羽は摂津、玉作造子綿は土佐安芸郡、橘守金弓は近江犬上郡、勝屋主は美濃、秦足人は山背（城）、道君豊足は越前、弓削宿禰伯万呂は河内若江郡というように各国に住み、そこで日々の生活をたてていたと思われるが、朝廷が大きな工事をおこしたために、それぞれ徴用されて近江の山中に入り、杣・木工の仕事に従事したのである。その中には秦足人のように木工の技術を持たない人もあったであろうが、その部署について働いた者はそれぞれ技術を持っていたと考える。しかも、その出自の地を見ると、いずれも内陸である。一方では農耕しながら、他方ではいろいろの手技にしたがっていたのではないかと思われる。

近江にいた秦人の中には木工にしたがう者も多かったが、その人たちは材木の豊富な山中に住み、そこで木工にしたがいながら、山地だから水田は少なく、畑農耕によって食糧を得、生活をたてていたのではないかと思われる。橋本氏は『近江輿地志略』の犬上郡の村々の記述の中に、

藤瀬村　楢崎村の東にある村なり。畑なり。

というような形式で記されている村が、二四村にのぼっていることをあげている。「畑あり」ではなく「畑なり」とある。畑を地名とするところはそのほかの郡にも見かけるのであるが、犬上郡に限って「畑なり」とある。この畑を秦におきかえてみたらどうであろうか。秦人の住んでいたところということになる。橋本氏はこの地方の山中に住む人びとをハトさんとよんだことにも注目している。秦人にかかわりを持つものであるかもわからない。

それでは畑でどんなものを作っていたのであろうか。畑作物は米のように正税として取りたてられることが少なかったから記録に残ることが少ない。そこでどのようなものが畑で作られていたかを知る手がかりになるものはそれほど多くないのであるが、平城宮址から発掘された木簡がひとつの手がかりになる。

平城宮址から初めて木簡の掘り出されたとき、「寺請　小豆一斗　醬一十五升……」とあるものがあった。その裏には竹波命婦の名が書かれ三月六日という日付けがある。この竹波の命婦は「筑波采女壬生連　小家主女のことである」と発掘担当者はのべている。寺請・竹波命婦・三月六日などの記載から、発掘者たちはさらにその背景となっている歴史を次のように見ている。

天平宝字六年（七六二）五月廿三日孝謙上皇は淳仁天皇と隙あって、法華寺に入られたが、七年にもなおとどまっていられたようである。したがって「寺請」の寺は法華寺、三月六日は七年のことと見られる。出土木簡中、年号のあるものはすべて天平宝字六年前後である。又「大豆二升　直廿二文」とあるものも見えるが、天平宝字年間（七五七―七六五）の大豆の値の上昇傾向から推して、これも天平宝字七年三月乃至八年三月の間のものと考えられる。

このような推定は正しいものであろう。つまり、正史の中にあらわれた時勢が、こうした一枚の木簡に反映しているのである。また同じときの発掘品の中に「菜端」（ナッパ）「甲い国　山梨郡新役胡桃子一古　天平宝字六年十月」「蒜」などの文字を見出すこともできて、畑で作られたものばかりでなく、クルミやノビルのような半栽培といっていいようなものの貢納も見られており、単に土地をひらいて耕地に栽培したものばかりでなく、生活環境の中にあって人間の利用できるものも採取され、蓄えられていたことがわかるのである。

その後、平城宮址から多くの木簡が出土することになるが、その中から半栽培また

は畑作物と思われるものをあげて見ると、

1……□六文　各廿六文充　黒葛直六十文

2越前国丹生郡曾博郷戸主牟儀都百足戸口同広足調　波奈佐久一斗
　天平十七年（七四五）四月十八日

3……郷進上麦五斗

4邑久郷官交易大麦五□

5秦人君瓜十顆

6紫菜　上

7買茄二斗　直卅文　廿八日

8麦廿半

9丹波国何鹿郡高津郷交易小麦五斗

10駿河国安倍郡貢上甘（柑）子　宝亀元年（七七〇）十二月

11……過所解　申請小豆事　小豆四升僧□□　塩一升　已上　□豆五升六合
……□等菜料請如件

十一月五日　高市広野

などである。なお藤原宮址から出たものに、

12□麻子油三升四合三勺
13□麦五斗　瓶二
14九月廿六日薗職進大豆卅□

がある。これらのものを通して見ると、半栽培されていたものはクロクズ、コウジ、クルミ、ノビルなど、畑で作られていたものは、ダイズ、アズキ、ムギ、コムギ、ウリ、ナス、菜などであったということになる。もとより貢納されていたものの量であるから、ほんのわずかの量が記録されているのであるが、その中でムギが比較的多い。ところが、『魏志(ぎし)』「倭人伝」には禾(か)・稲・紵(ちょ)・麻を作るとあってムギのことはない。三世紀の頃まではムギはそれほど作られていなかったのかもわからないが、それ以後、朝鮮半島からの人びとの渡来が相つぎ、とくに秦人の渡来にともなって定畑の発達を見、ムギが多く作られるようになったのではないかと思う。そして欽明(きんめい)天皇の

一二年には、「麦種一千斛を以て百済王に賜う」（『日本書紀』）とあって日本から百済へ麦が送られるまでになっている。

このほかに木簡には見えないけれども、ヒエ、アワなどが作られていた。ヒエやアワはその初めは焼畑に作られていたものと思われ、おそらくもっとも古い作物のひとつではなかっただろうか。ただし、ヒエには田ビエと畑ビエがあり、田に植えられるものと畑に植えられるものがあった。その割合がどのようであったかは明らかでない。記録としてあらわれるのは、天平六年（七三四）の尾張国正税帳に年料として「稗五斛　直稲五拾束」とあるものくらいであろうか。しかし、焼畑には多くこれが作られていたであろうと推定される。

同時に水田にもヒエが植えられたのではないかとも思われる。『万葉集』（日本古典文学大系4、岩波書店）に、

打つ田には稗は数多にありといへど　択らえしわれそ夜をひとり寝る（二四七六）

水を多み高田に種蒔き稗を多み　択擢ゆる業そわが独り寝る（二九九九）

という歌がそれを物語るが、あるいはこれは雑草としてのヒエではなかったかと思われる。えらえしはヒエをぬいたことを意味するようで野生のヒエが多かったのであろう。同時にその栽培も進められ、大和の稗田というところは栽培した稗田のあったことを物語るものではなかろうか。

アワについてはその初めは焼畑に多く作られたのではないかと思う。『万葉集』に、

左奈都良の岡に粟蒔きかなしきが　駒はたぐとも吾はそと追はじ（三四五一）
足柄の箱根の山に粟蒔きて　実とはなれるを逢はなくもあやし（三三六四）
ちはやぶる神の社し無かりせば　春日の野辺に粟蒔かましを（四〇四）

という三首の歌が見えているが、アワのまかれたところは岡であり、山であり、野辺であって畑とはいっていない。八世紀の頃までは焼畑で多く作られていたものではないかと思われるのである。そして定畑にも作られるようになっていったものと思われる。そのことは霊亀元年（七一五）一〇月の詔に「もし百姓で粟を貢租しているもので、米をおさめたいというものがあれば、これを聞き届けてよい」といっており（『続日本紀』）、アワを正税としておさめていた人たちのあったことが推定されるばか

りでなく、「正倉院文書」の諸国税帳の中にアワをおさめた国々の名が見えている。駿河・大和・紀伊・隠岐・豊後・薩摩などがそれであるが、薩摩を除いてはごくわずかである。わずかではあるが、もとはもっと多く作られ、もっと多く貢租されていたのではないかと思われる。

薩摩では郡名のわからぬ二郡について見ると、次のようである。

1稲穀一二九四石　稲穎三七六〇七束　粟穀三九七石　粟穎三三二六束

2稲穀六六五石　稲穎五〇八四〇束　粟穀一〇三石　粟穎七五五束

これによって見ると、薩摩地方ではアワは米につぐ重要な作物であったと思われる。それについて考えられるのは阿波および安房という国名である。これはもとアワを多く作っていた地帯であったと考える。そして安房の国では天平二年（七三〇）の義倉帳に「小子・正女・小女等二十八人に人別一斗の粟を支給し、残粟七一石六升五合と新輸粟一三石三斗、計八四石三斗六升五合を義倉に入れた」とあり、安房では義倉の穀物がアワであった。

このように見て来ると、アワは安房付近から西へかけての重要な作物であったと考える。そして作物として栽培されるようになって来たのはあるいは稲より早かったのではなかったかと考える。『常陸国風土記(ひたちのくにふどき)』に、祖神尊(みおやのみこと)が駿河(するが)の国へ行ったとき日が暮れたので富士の岳に宿をたのんだところ、富士の神は「新粟の新嘗(にいなめ)の祭をしているので家内の者が物忌(ものいみ)している。今日はおゆるし願いたい」といってことわった。そこで祖神は筑波(つくば)岳に行って宿をたのんだ。すると筑波の神は「今夜は新粟の新嘗の物忌の日だが、祖神をお迎えしなければならない」とて飲食をもうけてもてなしをした、という話が見えている。この重要な物忌の祭は稲ではなくアワの収穫祭の物忌であった。

これに似た話が『備後(びんご)国風土記』逸文(いつぶん)に見えている。武塔(むた)の神が南海の神の娘を妻にしようと出かけたとき、途中で日が暮れたので富裕な巨旦将来(こたんしょうらい)という者に宿をたのむと拒絶した。そこでその兄の蘇民(そみん)将来に宿をたのむと、兄は貧しかったけれども宿を貸し、粟幹(あわがら)をしいて座とし、粟飯をもてなした。この話は『常陸国風土記』のものとおなじモチーフであるが、ここでもアワが神に供えられているのである。

そしてこのアワの栽培にともなう儀礼は、琉球(りゅうきゅう)や台湾の蘭嶼(ランシュイ)などにも見られるものであり、水田の発達しない以前にはこれがもっとも重要な作物であった一時期があったのではないかと思う。しかもアワは南方からの渡来だけでなく、朝鮮半島を経由

しての渡来もあったと見られるのである。これらの経路についての究明はまだ十分になされていないが、これが定畑で作られるようになったについては鉄製の農具の利用が大きかったであろう。『播磨国風土記』の鴨波の里の項に「大部造等の遠祖、古理売がこの野を耕して粟を多くまいた。それであわわの里というのである」という地名起源伝説を記しているが、丘の上に畑がひらかれるようになるには鉄の刃を持つ鍬や鋤が必要であったと考える。

　このように定畑の発達には水田とおなじく鉄器が必要であり、そのことによって畑農耕も発達を見たと考えられるのである。しかし畑作は水田作に対していろいろの獣害が見られた。鼠・兎・猪・鹿などが作物を荒らすだけでなく、放牧している牛馬も荒らすことが多かった。桓武天皇の延暦三年（七八四）一〇月に備前児島郡小豆島の官牛を近くの長島に移しているがこれは民産を損するためであったといい（『続日本紀』）、『三代実録』には貞観一八年（八七六）に「伊予国から報告によると管内の風早郡忽那島は馬牛を毎年馬四疋、牛二頭を貢納し、島には馬三〇〇疋、牛もほぼそれほどいるが、島内は水草が乏しく、しかも牛馬の蕃殖が多くて青苗が生育して来ると風のように走って踏みしだき、麦が穂を出そうとすると、畑に群入して食い荒らす」とある。おそらく畑には周囲に垣がしてあったと思われるが、そういうものも押し倒して畑に入って来たものであろう。

『万葉集』にも、

馬柵越しに麦食む駒の詈らゆれど　なほし恋しく思ひかねつも（三〇九六）
柵越しに麦食む小馬のはつはつに　相見し子らしあやに愛しも（三五三七）

などの歌があり、麦畑には柵や垣のしてあったことがわかり、ムギはまた牛馬のとくに好むものであったことがわかる。だからムギを作るために畑の外に柵も作らねばならなかったのである。しかし牛馬がこれを好むからといって逆に青麦を刈って売った者もあったようで、天平勝宝二年（七五〇）にはその禁令が出されている。

麦作は政府としてはこれを奨励している。牛馬などに食われさえしなければ稲作よりも安定した作物であったからであろう。そして、しかも日本では裏作として作ることができたからである。にもかかわらず、麦作は水田の裏作として作られるようになるまでは容易に一般化しなかったと考える。ということは焼畑ではムギをほとんど作っていない。焼畑の場合は周囲に柵をほとんど作らなかったし、谷間や北斜面でこれを作った場合には太陽の光線が十分に足らず、茎が弱くて倒伏がはなはだしかったと

いう。

ムギに限らず、畑作物の耕作は大豆・小豆のようなものを除いては一般に栽培にいろいろの心を配らねば、獣害ばかりでなく、虫害や病害におかされることも多かった。

そのような条件のもとに畑作が成り立っていたために、畑作の発展は容易でなかったこともわかる。

にもかかわらず、畑作を必要とする多くの人たちの居たことも見逃してはならない。狩人、放牧者、杣、木工、木地屋、採鉱冶金の仲間をはじめ、荷持、馬方、牛方などには山地に生活する者が多く、食糧は畑作物にたよらざるを得なかったと考える。

さて以上のべて来た作物の中にソバをおとしている。ソバだけは栽培が容易であった。そして焼畑で多く作られたが、古代の記録にはほとんどその名をあらわさない。さきにあげた平城宮址出土の木簡の中に波奈佐久とあるのがそれではないかと思っている（一五三頁、参照）。波奈佐久はハナサクであり、花咲と書くのであろう。ソバの花の白く一面に咲いた印象から名づけられたものではないかと思う。まだ十分に検討していないので単なる推定にすぎないが、花咲が地名になっているところが、私の

記憶では二か所ある。そのひとつは群馬県利根郡片品村花咲である。前武尊岳の南麓にある畑作地帯の村で、昔はソバを多く作った。ここには古くからおこなわれている猿追祭という古風な祭があり、その祭に宮座がともなっている。中世以来のものと思われるから、近世に立村したものではない。なぜこの村を花咲といったかは明らかではないが、考えられることは、もとソバがよく作られていたことによるものではないかと思う。山梨県大月市にも花咲というところがある。ここももとは畑作の村であった。群馬県吾妻郡六合村の花敷なども、あるいはもと花咲といったのではないかと思うが明らかではない。花咲という地名をもっと探し出して比較してみる必要があるのではないかと思う。そしてそういう地名のあるところが火山灰土におおわれたところのように思うが、そうしたところがまたソバの適地であった。ソバは焼畑や定畑ではもとはもっとも多く作られたが、貢納されることがほとんどなかったので、近世に入るまでは記録にとどめられることがなかった。

なお、このほかに陸稲が作られていたか否かということになるが、陸稲は作られていたものと思う。『魏志』「倭人伝」に「禾・稲・紵・麻を種え、蚕桑緝績し、細紵・縑緜を出だす」とあることに検討の余地があるのではないかと思う。禾も稲もともに稲であるが、禾はノギともよみ、ノギ（芒）のある稲をさしている。ノギのある稲は

長粒米に多いとせられるが、陸稲にもまた多い。その陸稲は秦人のもたらしたものではないかと考える。秦人が山城に稲荷神社を祀ったことは、さきにのべたところであるが、秦氏の祀った稲荷の稲は禾ではなかっただろうか。禾と稲といずれが早く日本に入ったか明らかでないが、水稲が日本にもたらされてそれほど遠くないころに陸稲もまた渡来し、それは秦氏によって栽培の指導がなされたものではなかったかと考える。そして陸稲栽培を司る神として祀られたのが稲荷神社であっただろう。『山城国風土記』逸文では秦氏は田を作っていたことになっている。しかし秦氏の分布するところは畑地の多かったことはさきにあげた。つまり、私のいってみたかったのは、短粒米は揚子江付近から朝鮮半島の南部をへて日本へ、長粒系の赤米は琉球列島を北上して日本へ、陸稲は朝鮮半島の奥部から南下し、主として秦人によって日本にもたらされたものではなかったかということである。しかし陸稲の栽培は、日本ではそれほどの発達を見なかった。水稲が安定作物であり、圧倒的にのびていったことも原因していよう。

畑は以上のように食用の作物を作り、そこに住む人びとの食糧を補給し、手技を持つ人びとの生活を支える大きな役割を果たしたのであるが、いまひとつは工芸関係の作物の栽培を目的としてひらかれたものも少なくなかった。その中でももっとも多かったのは桑畑（くわばたけ）ではなかったかと考える。桑はそのはじめ焼畑として利用したあとへ多く作ったものといわれている。畑地としてはもっとも粗末（そまつ）なもので見付畑などといった。桑を植えたところでは蚕（かいこ）を飼い、糸をとり、絹を織った。さきに服部や錦織部についてのべたが、『延喜式（えんぎしき）』によると、絹や絁（あしぎぬ）や生糸（きいと）を調（みつぎ）としておさめた国の数はさらに多くなる。

東からいうと、常陸（ひたち）・上総（かずさ）・上野（こうずけ）・武蔵（むさし）・越中（えっちゅう）・加賀・能登（のと）・越前・駿河・遠江（とおとうみ）・三河（みかわ）・尾張・美濃（みの）・伊勢（いせ）・伊賀（いが）・近江・紀伊・丹波（たんば）・因幡（いなば）・出雲（いずも）・播磨（はりま）・美作（みまさか）・備前（びぜん）・備中（びっちゅう）・備後（びんご）・安芸（あき）・阿波（あわ）・讃岐（さぬき）・太宰府（だざいふ）にわたっている。国にして二八国である。少なくもこれだけの地帯では、養蚕と機織が見られたことになり、そこには畑が存在していた。そしてこれらの畑には秦氏が何らかのかかわりを持っていたと見てよいのである。

しかし焼畑あとにはコウゾのようなものも作られた。これは紙の原料になるが、布としても織られた。コウゾの茎皮（けいひ）繊維をとって糸にして織ったものが太布である。タフ・タホ・タエ・タイなどとよばれており、「白妙の布をほしたり」「白妙を天にかけたり」などとうたわれたタエもコウゾの布であったと思われる。しかしコウゾは紙の生産のために多く作られたものであろう。紙の産地は、常陸・下野（しもつけ）・武蔵・美濃・越前・丹波・大和・紀伊・因幡・備中・備後・石見・周防・阿波・伊予・土佐・肥前であった。

畑には麻も作られた。木綿の出現以前にあって、畑に作られた繊維植物のうちもっとも多かったのは麻であったと見られる。自然に存在するものを利用する場合には、計画的な生産のおこなわれることは少ないが、原料が計画的に生産されると、工芸品もまた計画的に生産され、生産額も多くなって来る。そこで『延喜式』「民部」の交易雑物の中の布をあげてみよう。

常陸	布四〇〇〇〇反	商布一三〇〇〇〇反	
上総		一一四二〇	
下総	一五九〇	一一〇五〇	
安房		二二八〇	
下野	一四三六	七〇〇三	
上野	一五〇九	七七三一	
武蔵	一五〇〇	一一一〇〇	木綿四七〇斤
相模		六五〇〇	

甲斐		四一〇〇		
駿河		二一〇〇		
遠江			苧(からむし)一三〇斤	
尾張			一五〇	
信濃	一五〇〇	六四五〇		熟麻一〇斤
越後		一〇〇〇		
越中		一二〇〇		

これによると、麻の栽培や麻布の織られたのは東国ということになり、西日本にはなかった。ただしこれは数字の上のことで、商布や貢納布を除いた、自家用ならばそれぞれの土地で作られていたはずである。しかしそれにしても、畑で作られていた工芸作物が、中央では重複しつつ、東と西で大きな差のあったことは注目してよい。そして麻を作り、それを紡(つむ)いだであろう麻績(おみ)郷が、東部地方に限られていたこととも思いあわせて、絹と麻の生産地は西と東に別に発達したものであり、したがって畑を開拓し、その紡織をおこなった人びともおのずから差が見られたのではないかと思う。麻績郷のあったのは、信濃伊那(しなのいな)郡、同更級(さらしな)郡、下野安蘇郡、同河内(かわち)郡、同芳賀(はが)郡、上

総周淮郡、下総海上郡、陸奥伊具郡などであった。その分布から見ると、古い縄文文化の伝統をうけついでいるものではないかと考えるのであるが、これはにわかに決めることはできないであろう。

（一九七九年七月稿）

付　海洋民と床住居

一九七八年八月刊『民衆の生活と文化』（未来社）所収

私は年少の頃から瀬戸内海の文化に強い関心を持って来た。それは私が瀬戸内海の中のひとつの島に生まれたこと、さらに幼少年時代、白木山という山へ毎冬薪をとりに登り、そこから見える本土や島や四国などについて、父からいろいろ教えてもらい、この山の上から見える山や島に深い愛着をおぼえたこと、さらに小学校（尋常高等小学校）の高等科二年生のとき、担任の兼田という先生から小西和の『瀬戸内海論』（一九一一年、文会堂）をもらったことにある。『瀬戸内海論』は少年の心を強くうつものがあった。そして何回も読んだ。この書物はいまも持っている。

しかし、内海をつぶさにあるく機会は容易に来ないままに日がすぎた。たまたま昭和一二年五月に渋沢先生（渋沢敬三）の一行が東瀬戸内海の島々を巡航することになり、私も同行をゆるされて、釜島、櫃石島、岩黒島、与島、小与島、六口島、手島、小手島、佐柳島、大飛島、小飛島、走島、高井神島、魚島、股島、伊吹島、志々島、瀬居島、塩飽本島、前島、男木島、女木島などをあるいた。その折、渋沢先生から「君は瀬戸内海のみ見てあるくのではいけない。ひろく日本全体をあるいて見ておく必要がある。それから瀬戸内海の調査をするのがよい」といわれた。そしてそういう道をあるくことになったのであるが、まだ何ほども手をつけていないうちにもう七〇歳をこえてしまった。

瀬戸内海を見るためにはいろいろの角度からいろいろの眼で見ていく必要がある。文化の複合は決して単純なものではないからである。いま若い仲間にたのんで日本の漁船の調査をしているが、それがどれほど重要なことであるかに気のついたのは昭和四三、四四年に広島県因島　箱崎と三原市能地を調査したときであった。私はそれまで船は刳船が発達して構造船になったのだと単純に考えていたが、それだけではなく筏が船になっていく場合もあり、そのほかにもいろいろの条件がともなって漁船が発達し、漁船はまた拡大して廻船にもなっていく能力を持っていたのだと知った。このことについては別にくわしく書いてみたいと思うが、渋沢先生のいう「物をして語らしめる」ということは物の中に含まれている意志を読みとる力がないと読みとれないものであって、それにはできるだけ多くのものを見ていかねばならないと思っている。

そうした物の見方のひろがりの中で気がついて来たひとつに住居がある。住居のことに関心を持つようになったのは、昭和三五、三六年に山口県萩沖の見島を調査したときからであった。見島の本浦をしらべたとき、この島は古く浦と地方の二つにわかれ、それぞれ庄屋がいてこれを治め、氏神も地方は八幡宮、浦は住吉神社があり、別々の世界をつくり、地方と浦との間には通婚も少なかった。しかし現実に村をあるいてみると、家がびっしり建て込んでいて、浦も地方も区別がないように思った。そこで私は村のことにくわしい古老の何人かに一軒一軒について浦か地方かを教えてもらい、さらにその境になるところをあるいてみた。隣りあわせていても一方は地方、一方は浦というように、他の地方のように道とか流れとかが境になっているというようなものではなかったが、しらべてあるいていて気のついたことは、地方の者は間取が田の字型で引戸のついた家に住んでいるが、浦の者は並列型の間取の家に住み、蔀戸を持っている。蔀戸というのは、上下二枚になっていて、上の方は吊りあげるなり、押しあげるなりすると庇のようになり、下は前方に倒すと縁になり、また商品などならべる店棚にもなる。中世の宮殿や神社などには内外の障壁を蔀戸にしたものが多く、古い寺院が扉を用いているのと対照的であるが、その蔀戸が浦の家に見られる。浦の家は漁家である。

地方と浦の家は相接して建っていても居住様式は違うのである。そして間取が並列であるというのは、船住居の型をそのまま陸へ持ってあがったのではなかろうか。船は梁によって表の間、胴の間、艫の間にわかれている。それが陸住の形をとったのが漁民の家なのであろう。そこで見島のように並列型の家で蔀戸を持つ家は他にないであろうかと思って、その後気をつけてあるいていると、北九州の漁村には並列型がいくつも見られる。しかし田の字型と入りまじっているのである。ところで蔀戸を持つ家ならば海岸には方々に見られる。四国の海岸地方にある蔀戸の家のことは、後藤捷一氏が問題にして報じたことがある。蔀戸は蔀帳(ぶちよう)ともいっている。長崎県野母崎(のもざき)町脇岬などは、道の両側の家がほとんど蔀戸になっていた。海岸の町の商家には蔀戸を持つものが少なからずある。そして、そのような家は下北半島西海岸の佐井や磯谷にも見かけた。その分布は丹念(たんねん)にしらべてみる必要があると思っている。この蔀戸は農家には少ない。

さて、並列型民家の濃厚に残るところはまだつきとめてもいないし、分布も明らかでないが、もと船住居をしていた三原市能地の場合は当然並列型だろうと思っていたが、そういう家は意外に少なく蔀戸もない。だから海から上がって定住しても、船住居の習俗は陸住には出て来ないのだと思っていたら、谷沢明君がこの町の住居をしらべていてひとつの事実を発見した。船住から陸住になった家にはたいてい八畳間があり、その間が住居の中心になっていることである。能地の人たちが船住していた頃は船の胴の間で寝起きした。この胴の間が八畳間として表現されたものであろう。このような例は他ではまださぐりあてていない。しかし船住居をしていた人たちは、その生活の習俗を何らかの形で陸へ持って上がっている。蔀戸なども船の蔀と関係があるのではないかと思う。小網(こあみ)をひく船ならば、船舷(ふなべり)に蔀という板をつけているものが昔は多かった。これは網をくりあげるとき、足もとや船の中がぬれないように戸板の外側に網をくりあげた。そして、夜、苫（とま）を屋根に葺（ふ）くと、蔀は戸板の役目を果たした。そのような船は昭和初期までは内海地方にたくさん見かけた。

蔀を持つ船と、蔀戸または蔀格子（ごうし）を持つ家の間には何ら関係がないのであろうか。なぜ寺院は扉を用い、神社は蔀戸を用いているのであろうか。これを同一の系統の文化と見ていいものかどうか。

それはそれとしても、船住の者が陸住していったあとは、いろいろの方法である程度までたどれるのではないだろうか。たとえば蔀戸を持つ商家の分布なども、それをしらべてゆけば、そうでない商家との間にはっきり差が出てくるのではないかと思っている。

あるいはまた、八幡神（はちまんじん）のなかに、御神体（ごしんたい）が海岸に漂着したとか、海底に示現（じげん）したなどという伝説を持つものが少なくない。八幡神は宇佐神宮（うさじんぐう）を根源とし、のちに武士がこれを信仰するようになってから、地頭（じとう）たちがそれぞれの領内の鎮守神（ちんじゅがみ）として祀（まつ）ったものがきわめて多いが、そうした中に漂着神の伝説を持っているものが多いのはどうしたことであろうか。対馬（つしま）西海岸の木坂というところに木坂八幡という社（やしろ）があり、対馬の一ノ宮であった。この社はその初めは和多都美（わたつみ）神社とよばれ海の神であったが、一三世紀の頃から木坂八幡とよばれるようになった。これと似たようなことが各地にあったのではないかと思っている。エビス神なども漂着の伝説を持っているのが多い。漂着したとき寒い日であったので火をたいてエビス様にあたらせた。そうしたらそこに生えていた蘆の片方の葉が焼けて、その後も片方は葉が茂らなくなり片葉の蘆になったという話が、堺市の石津太神社には残っている。エビス神は漁民の祀った神であったが、商家でもこれを祀った。

あるいはまた宗像の神が海岸の各地に祀られているが、宗像神も海の神であった。こういう神の古く祀られたところは海民が他から来て居住したのではなかったかと考えているが、それでは住居の上などにも多少それを示すようなものが残っているかというと、それは明らかではない。ただ、いつごろから陸住するようになったかが問題になる。

なぜまた海民の陸住を問題にするのかといえば、日本人の住居のあり方が気になるからである。住居のあり方といっても、床のある家に住むということが気になるのである。もともと日本列島で生活していたものは土間住いがほとんどであり、それも竪穴式のものが多い。そして縄文期には円形のものが多く、中部から関東にかけては方形のものも見られた。それが弥生式時代になると次第に円形から方形になり、古墳時代になると平床で壁を持つ家も出現して来る。そして、土間住いの様式はずっとのちまで残り、明治維新の頃には秋田、山形では六割までが土間住いであったといい、北陸地方も土間住いが多かった。越前大野付近では、名主をつとめるほどの家も土間住いであったという。特殊な例をあげては例にならないが、昭和四〇年に長野県奈川村という乗鞍東麓の村を調査した時、明治五年の調査書に、全村土間住いで、床のある家は名主の家と宿屋二軒のみであると報告されている。それが一〇年の調査書には床のある家がふえたとあり、明治一六年には床のない家はほとんどなくなったと報ぜられていた。都市を除いて一般の農家が床を持つようになったのは、東日本ではかなり新しいことであった。関東地方の農家には、土間にイロリのあるのをいまも見かけることが多い。日常はそこで生活し、子供なども土間のイロリのそばで産んだものだと聞いたことがある。家は大きかったが、土間に莚を敷いてそこで日常生活をしたが、招客をすることから少しずつ座をつけていったということは、武蔵野台地の村々で聞いた。

東日本に比して西日本の方は床のある家が多かった。これももとは土間住いだったのだろうが、床のある家が併設されて、やがてひとつになっていったあとをたどることはできる。

つまり土間住いは近世末まではまだ各地に多く、床をつけるようになったのは明治になってからであると見られるものが少なくない。一方、貴族の家は古墳時代から高床になってくる。なぜ貴族の家が早く床を持つようになって来たのであろうか。貴族とはいったい何であったのか。私は住居の問題について考えていくうちにそうしたことに関心を持つようになった。

ところで日本民族が国家的な結合をはじめたのはいつ頃であろうか。それは稲作をはじめた以後のことである。稲作は紀元前三〇〇年頃からのことであろうという。稲はもともと日本にあった植物ではなかったようである。海の彼方からもたらされた。誰かが持って来た。

稲作は朝鮮半島を経由して伝えられたものではあるが、中国北部から満州、朝鮮北部を経由し、朝鮮南部から日本へわたって来たというようなものではないという。朝鮮北部には、紀元前三〇〇年頃の稲作の遺跡は見つかっていないという。そうすると米は中国大陸から朝鮮半島西岸をへて、日本に伝えられたと見られる。日本への文化の流入は、海をこえて来る以外にルートはない。そしてそれは米と米を作る技術だけが日本に渡来したのではなく、稲作技術を持った者が籾を持って日本に渡来して来たと見ていい。

稲作はもともとたいへん計画的なものであった。稲を作るためには水田をひらかねばならない。またそのためには農具を必要とする。鍬、鋤のようなものを作るにしても、石斧を使って作れないこともないであろうが、今日存在する木製農具を見ると鉄製の刃物で作ったことが推定される。『後漢書』の「韓伝」に「この国〔辰韓 学術文庫注〕は鉄を産出する。濊・倭・馬韓がともにやって来て、これ〔鉄〕を買う。およそどのような貿易も、すべて鉄を貨幣としている」（東洋文庫『東アジア民族史1』一九七四年、平凡社）とあり、『三国志』の「弁辰伝」にも「〔弁辰の〕国々から鉄を産出する。韓〔族〕・濊〔族〕・倭〔族〕が、みな鉄を取っている。どの市場の売買でもみな鉄を用いていて、〔それは〕中国で銭を用いているのと同じである。そしてまた〔鉄を楽浪・帯方〕二郡にも供給している」といっている。その鉄を産するところを谷那*といったことは『日本書紀』に記されている。朝鮮南部で鉄を出し、周囲の住民がこれを利用し、その中に倭人もいた。ところが『後漢書』「韓伝」によると「韓には三種がある。一を馬韓といい、二を辰韓といい、三を弁辰という。馬韓は西〔部〕にあり、五十四国がある。〔馬韓の〕北は楽浪〔郡〕と、南は倭と接している。〔中略〕弁辰は辰韓の南にあって、これまた十二国ある。〔弁辰の〕南もまた倭と接している」。『三国志』「魏書」の「韓伝」にも「韓は（中略）南は倭と〔境界を〕接している」とある。すると朝鮮半島南部海岸付近は倭人の植民地であり、ここに住みつくことによって鉄を得、稲作によって生活をたてる方法を見出し、海をこえて北九州にも植民するようになったのであろう。『後漢書』は五世紀前半に、『三国志』は三世紀後半に書かれたもので、日本へ米の伝来したときよりはずっとのちのものであるが、これらの記事を通して前記のような推定もなされるのである。

そして弥生式時代の中期の終り頃には日本列島の上にも小さな国がいくつも生まれはじめていた。北九州にあった奴国の王が後漢に朝貢して、光武帝から「漢委奴国王」の印綬をうけたのは建武中元二年（五七）のことであった。この頃から漢と接触を持つようになったと思われる。そして朝鮮半島を北から南へ下り、海をこえて日本にいたる道もひらけ、大陸文化が滔々として日本に流入し、文化ばかりでなく、在来の日本人との間に大きな混血のおこったらしいことは、近畿から瀬戸内海へかけて朝鮮半島に近い頭型が見られることで推定されるが、私はそれよりも、朝鮮半島の西部から南部を経由して日本にいたった海上の道を重視したい。

さきにも書いたように、日本に来るには海をこえなければならない。朝鮮半島から日本へ渡来した人びとも海をこえたはずであり、そのための船はどのようにして用意されたであろうか。海岸に出ればそこに船があって、それに乗ってわたって来たというようなものではない。たとえば、騎馬民族に造船操舟の技術があっただろうかどうか。あるいは騎馬民族以外の半島人たちの渡来も同様である。日本へ大挙してわたるためには準備に容易ならぬ努力を必要としたはずである。しかもそれが異国への大挙渡来の場合には侵寇の様相を持つはずであるが、『古事記』『日本書紀』にはそのような記事はほとんど見えない。これは半島側にも日本側にもともに倭人がおり、倭人の船を利用して渡来する者が多かったからではなかろうか。

さて大陸経由者におとらぬほど半島南部の海を経由して入って来た人びともいたのではなかろうかということは、『宋書』「倭国伝」に見える記事がそれを物語る。倭は漢・魏など中国北方の文化の強い影響をうけながら、南北朝時代になると、南朝の宋と往来している。百済もまた南朝に通じていた。倭が南朝に通じたのは宋との間に文化の上で共通するものがあり、また親近感を持っていたためであると思う。そして当時の倭の大和朝廷は南朝文化の強い影響をうけていたと見られる。

そのことを物語るのが高床式家屋なのである。高床式家屋は東南アジアに多い。それは稲作文化とも深いかかわりあいを持っていた。しかし日本へ稲作を持って来た人たちは、そのまま高床式家屋に住んだ形跡は乏しい。ひとつには海上漂泊をしつつ日本へたどりつくまでの間には船住の日が長かったと考える。そして日本に見られる土間式家屋を住居として利用したのであろうが、屋敷の中に穀物をしまっておく高倉は設けた。高倉の用材は静岡県登呂、山木などでも発掘されており、稲作の渡来とほぼおなじ時期に造られはじめている。

ところが古代国家が形成され、その国家を統治する王が出現するようになったとき、王となる者は高床の家に住んだ。王は単なる武力的な統一者ではなく、ひとつの地域における水田稲作が豊作であり、そこに住む人たちが仕合せであるためには普通の人間の能力をこえ、神の加護を要請し得る力を持っていなければならない。その地域に棲むもろもろの精霊をしたがえる力も持っていなければならない。そして、そこに住む者は王の指示にしたがい、多くの者が行動を共にしなければならない。働く日は一斉に働き、休む日は一斉に休み、祈るときは一斉に祈る。それなくしては神の加護はなく、神へ祈請の効果も生まれない。そのように思想と行動を共にする社会が国であり、その頂点に立つものが王であったと見られる。

そして王の家は床を持つものであっただろう。さきにもいったように米をおさめておくものが高倉であった。倉は米の産屋でもあった。米といっても古くは米は籾のまま保存した。米は収穫した直後にはその生命が失われているものと考えた。事実、籾は収穫してしばらくの間は発芽しない。しかし、休眠を終えると発芽する。古代人は生命力の失われた米にもう一度魂をよみがえらせるために、稲を倉におさめた。すると、魂はよみがえって来る。稲束を積みあげたものをニウ、ニオなどとよぶところが多いが、ニウは壬生と書き産屋のことであった。すなわち、稲の産屋を意味することばであった。ニオはいま地面にそのまま積みあげているが、宇野円空著『マライシアに於ける稲米儀礼』（一九四四年、日光書院）によると、四脚柱の上に棚を作り、その上に種籾をおいて掩いをしておくと、稲に魂がよみがえって来ると信じ、そのようにしている例がいくつもあげられているが、日本でも石見地方には種籾をかこっておくのに高脚のニウを作るところがあり、越後平野では大豆の種を、立木を利用して高棚を作り、上に藁をかぶせてかこっておいた、と聞いたことがある。高倉に米をかこうのは単なる保存だけではなく、稲の命を守ることが大きな目的であったのだろう。南から米を持って来た人びとは高床の家に住む者は少なかったが、米は高倉の中にしまっておいた。高倉は秀倉ともいったのではなかろうか。祠と書いてホコラとよんでいるが、もとはホクラといったものかと思う。そして、神はホクラに祀ったものと思われる。日本の神社を見ると、拝殿には土間のあるものもあるが、神殿はほとんど高床になっている。なぜ神を高床に祀らなければならなかったか。また、なぜ米を高倉におさめなければならなかったか。ともに神聖なものは高所において守ることによって神威を保ち、魂を再生させると考えたにほかならなかった。このような考え方は中国北部のものではない。東南アジアの稲作地帯に見られるものである。すなわち、稲作を日本にもたらした人びとの思想と文化であると見てよい。

そして稲の祭祀を司る者もまた高床の家に住むにいたったのではないかと考える。高床住居は東南アジアにひろく分布する。稲作をおこなう者が床のある家に住むようになったのは南方からもたらされた習俗であると見てよいが、北部中国から朝鮮半島を経由して日本に入って来た民族とその文化は力強いものであり、政治的色彩の強いものであった。小さな祭祀王朝の国々を統一して大和朝廷をつくりあげていったのは武力によるものであり、その統一の仕方は強引なものであったと思うが、そのことによって稲作をもたらした人びとの文化は押しひしがれることはなかった。そして統一国家が生まれるとその統一の維持は祭祀を中心にしてなされるようになった。そのことが、高床の住居をますます発達させていったのではなかったか。

そしてこのような文化は、そのはじめ海洋的な性格を持った南から来た人びとが日本にもたらしたものであったと考えられる。それは高床住居の古い住い方を見るとよくわかる。大和法隆寺の東院の境内、夢殿の北に伝法堂という建物がある。東西に長く、板張のガランとした建物であるが、これはもと橘夫人三千代の家であったという。橘三千代は藤原不比等の夫人であった。今日のこっている貴族の住居としてはもっとも古いものであるが、これが住居かと思うと、あまりにガランとしていておどろくのである。この住居を見てすぐ思いうかべられるのは「源氏物語絵巻」の寝殿造りである。平安時代の貴族たちの生活は絵で見ればはなやかであるが、誠に寒々としたものである。住居の内と外との障壁としては御簾を垂らしただけである。寒いときには御簾の内側に壁代という白い布を垂らした。間仕切も壁代と御簾だけである。冬など寒い風がたえず吹きぬけていたであろう。こうした寒々とした家は北方系のものではない。南からもたらされたままの住様式である。これは朝鮮半島の住居などとおよそ違うものである。そうした住居の夜間の障壁が蔀であった。その蔀も上蔀は格子になっているものが多かった。引違いの板戸や襖や明かり障子などで寒気をふせぐことのできる書院造りの発達するのは平安後期から鎌倉時代である。それでもまだ寒気を十分に防ぐことはできない。そういう家に住んでおれば寒さを防ぐために着ぶくれしているよりほかに方法がなかったであろう。貴族たちは別に労働にしたがうでもない。神の祭祀にしたがう以外にこれという用事はほとんどない。しかし神々の祭の数は実に多かった。「年中行事絵巻」を見るとそのことがよくわかる。しかも神の祭をおこなうために穢れることを忌み嫌った。穢れの中のひとつに土に接することがあった。神の祭祀に直接たずさわる者を殿上人とよび、地下人と区別した。そして床の上で生活し、外出するときも牛車に乗った。そしてできるだけ土にふれないようにした。このような生活と思想は北方文化の中から生まれたものではなかった。

蔀戸は船によって南方からもたらされたものであるか否かはたしかめてはいないが、宮廷や神社で用いられた蔀戸が、漁家に多くのこるというのはそこに何の関係もないとはいえないであろう。このことはこれから追求していってみたいと思う。

さて土間を持つ寺院に床がつきはじめるのは平安時代に入って観音信仰がさかんになり、また阿弥陀堂建築が進んで来てからであった。観音信仰がさかんになると、参籠がおこなわれるようになる。仏の前で一夜をあかし、仏のお告げをうける風習がさかんになると、おこもりのために床がつけられ、人びとは床の上に仮寝するようになる。このようにして仏寺も鎌倉時代になるとほとんど高床を持つようになる。そのことで興をおぼえるのは奈良の三月堂で、もと金鐘寺といった。その金鐘寺は土間造りで須弥壇を設け、そこに仏たちを祀っている。その金鐘寺の前に鎌倉時代の初めに向拝をつけた。向拝には床がついている。人びとは向拝の床の上から仏たちを拝むようになっている。仏たちの足もとよりも拝む人たちの足もとの方が高いのである。

床住居の発達は、稲作文化が北方文化をしだいに吸収していったことを示すのではなかろうか。そして床住居は民衆の間にもひろがっていく。「一遍聖絵」は鎌倉時代の終りに近い頃に描かれたものであるが、この絵巻には竪穴式の住居は見えない。一般の民家は土間を持ち、同時に座敷を持っている。ところが武士の家や寺院、神社などは床のみあって土間を持っていない。床住居がひろがっていく過程をうかがうことができる。

床を持つ家は古くは貴族だけであっただろうか。これも古い漁村の漁家をしらべてみないとわからないのだが、漁家はどんなに小さくても土間住居というのは少なかったのではないかと思う。船住居時代には船に板を敷きならべて、その上で生活していた。船底へべったりとすわって住むには海水が浸入して来る。そこでみな板を敷いていた。陸住するときも、その習慣からか、床のある家に住んだようである。床のある家に住むようになったのはこういうことも原因するかと思うが、古代の漁民生活をさぐりあてることはほとんどできない。

もう、いまはほとんど見かけなくなったが、漁村には便所のない家をよく見かけた。船にも便所がない。船舷から垂れ流すのが普通であった。その習慣をそのまま陸に持って上がって、大便などは石垣の上から海へ尻を向けてしているのを戦前は見かけたものである。

そして、そういうことも日本の古い習俗の中に見られた。「餓鬼草紙(がきぞうし)」を見ていると、人びとは家のない広場で思い思いに脱糞放尿(だっぷんほうにょう)している。高足駄(たかあしだ)は排泄のときに多く用いられたようで、屎尿(しにょう)が足にかからぬためであったことがわかる。宮廷や貴族の家にも便所の設けはなかったようで、小便はその場で尿筒にし、大便は清筥(しのはこ)にしたものを従者が他に持ち運んで処理している。こういうことが海民の陸住と関係あるかどうかも今後の調査に待たなければならないが、稲作をもたらした海民の生活習慣が意外なほど深く浸透しているのではないかと思っている。

もとより海民といっても、そのはじめから海を漂泊しつづけていたとは考えない。もとは河川のほとりに住み、すでに稲作農耕技術を持っていた者が、筏(いかだ)などで川を下って洋上に出て移動したものでもあったであろう。もともと筏船(いかだぶね)は河川で発達したものと思われるが、日本へ稲作文化を最初にもたらした人びとは、筏船を利用したのではなかっただろうかと考える。家族も同行できるには、それほどのゆとりのある船でなければならぬ。船住居のできるのは筏様式の船であり、男も女も船に乗って移動して来たもののようで、弥生(やよい)式文化の遺跡を見ると、九州では遠賀川や筑後(ちくご)川をさかのぼったところに多く、近畿地方でも大和川や淀川(よどがわ)をさかのぼったところに大きな遺跡がみとめられる。静岡県の登呂(とろ)や山木でもみな川をややさかのぼったところに遺跡がある。川を下って大洋に出、新しい天地を見出すと、そこにある川をさかのぼって農耕地をひらいていったのではなかったか。しかも、稲の日本列島への普及はきわめて速かった。それは船によって海を移動していったからであろう。今日、弥生式遺物の中には筏船（いかだぶね）はない。絵画も埴輪（はにわ）も残していない。しかし、筏は解体すると棒になってしまう。原形をのこすことがほとんどなかったのであろう。海民は川を利用して内陸に入って新しい農耕地を見つけると、そこに定住していったことだけは弥生式の遺跡から推定できる。それでは倭人とよばれる海民の移動がどうしておこったのかということについては明らかにすることはできないが、その移動は紀元前三世紀の頃から六世紀、任那（みまな）の官家（みやけ）がほろぼされて、日本へ渡航する拠点がきえるまで続いたのではなかっただろうか。『梁書（りょうしょ）』によれば梁の武帝（ぶてい）の頃まで、日本と中国南部との間に往来があった。

その後、新羅（しらぎ）が朝鮮半島を統一してから、朝鮮半島の西海岸を往来して日本に来る船はほとんどなくなってしまったし、日本からもこのルートを利用して中国にいたることは稀（まれ）になった。そして南島伝いに中国へ行く航路や、東シナ海を横切る航路がとられることになり、南島路は中国と日本を結ぶばかりでなく、さらに南方の島々の文化をもたらすことになる。トウボシとよばれる赤米（あかごめ）が日本へ入って来たのはこのルートであったと思われる。ということは、赤米が幕末の頃、一番多く作られていたのは大隅、薩摩、肥後、日向、土佐などであったことがこれを物語る。トウボシは唐法師であろう。籾にノギのない品種で作りやすい上に調製も容易であった。

　このルートを伝って内地に入った文化ではないかと思われるものに、住居の二棟造りがある。床のみを持つ主屋と土間のみの釜屋から成っている。主屋は大家とも上の家ともいい、釜屋は下の家ともいう。釜屋には竈もあり、屋内作業は釜屋でおこなっている。このような二棟造りの様式は南西諸島をへて鹿児島、大隅、薩摩にも及んでいた。この二つの様式の家を並べて接触して造り、二つの家の軒にトユをかけて一軒の家にする二棟造りは熊本県に多く見られた。この場合一軒の家の中に土間と座敷があることになる。佐賀のクド造りや筑後平野のカギ屋も二つの様式の家が結合してできたものであることを、間取を見ると理解することができた。土間と座敷をつないでひとつにした家であることのはっきりわかるのは奈良県の大和棟である。外から見て屋根の高くなっている部分は座敷になっており、棟の低くなっている下は土間で竈や調理場になっている。

　このような二棟造りがきわめて古いものであるか否かは明らかにしていないが、琉球から近畿に分布を見ていることは、民家の床住居の家は琉球半島を経由して本土に伝来し、西日本にひろがっていったとも考えられる。しかしこのような家には船住居のおもかげを見出すことはほとんどできない。琉球列島を経由して日本にいたった船は幅がせまく軽快で速力の速いサバニ系の船であったと思う。この船では男女が共に乗って船住居をするには適していない。したがって島から島へわたるために船を利用するけれども、船はそのためにのみ利用され、船の生活が陸住に影響を与えることは少なかったと思われる。ということは船は家族生活の場ではなかったからである。

琉球には糸満という漁民集落がある。その活動はすばらしいものがあるが、それは男だけの活動で女は陸で生活している。この人たちは方々に出漁し、その活動範囲は西はアフリカのザンジバルから東はハワイに及び、日本本土でも対馬、隠岐、出雲をはじめ、太平洋岸は伊豆、牡鹿半島に及んだ。そしてそれぞれの土地に追込み網の漁法を伝えている。その活動範囲のひろさと勇敢さには驚嘆するものがある。それがしかもサバニとよばれる小船に乗っての航海である。出稼漁ばかりでなく、移住もおこなっており、沖縄諸島各地から種子島にわたっている。移住にさいしては家族を同伴しているが、いわゆる船住居ではなかった。その活動範囲のひろさ、活動のあり方、海住民の移動のあり方に多くの示唆を与えるものがある。それらのことについては別の機会にくわしくのべてみたいと思う。ただ、このような漁民の移住した場合には依然として男は海に生き、女は陸に働く生活様式がとられたのではなかっただろうか。日本の漁村の中には男漁女耕（だんりょうじょこう）の生活様式を持つものが少なからず見かけられるのである。

付記

なお本文の中で「今日、弥生式遺物の中には筏船はない。絵画も埴輪も残していない」と書いたが、時代が下って中世に入ると、筏船形式の船があったのではないかと思われる節がある。「紫式部日記絵巻」の中に竜頭（りょうとう）の船が描かれているが、どう見てもこれは筏型の船ではないかと思う。内水面の船にはそうした型の船が中世の頃まで見られたのではなかろうか。

ちくま学芸文庫版注

＊谷那の鉄山は、黄海道谷山郡に擬（ぎ）されている。これにしたがえば、朝鮮半島北部ということになる。

宮本常一年譜

年譜の事項で本人が直接に関与したものでない部分を（　）でくくり、著作については、『書名』「誌名」（叢書名、発行所または出版社、発行年）とし、共著・共編・編集・監修についてはそれぞれ書名のあとに〈　〉で付した。また、各年次の上に付した算用数字は年齢である。

明治四〇年（一九〇七）
八月一日、山口県大島郡東和町（旧家室西方村）大字西方一九六二に生まれる。
父・善十郎、母・マチの長男。家は浜辺の没落した農家であった。

14 大正一〇年（一九二一）一四歳
（東京都芝区〔現在は港区〕三田綱町渋沢栄一邸内の自動車車庫を利用した小さな博物館〔アチックミューゼアム〕がつくられる。）

15 大正一一年（一九二二）一五歳
郷里の小学校高等科卒業。同級生一三人のうち村にのこったのは、宮本ひとり（すぐに青年団の三役＝会計係となる）。祖父・両親について農業をする。当時も学校を終えると島外に出る人が多かった。

16 大正一二年（一九二三）一六歳
三月、祖母・カネ、死去。

四月、父に、親の元気なうちに他人の飯を食ってくるようにいわれ、はじめて周防大島を出て、大阪にいる叔父・宮本音五郎の世話になり、大阪逓信講習所に入所。技術担当の松本繁一郎（のちに大阪地裁判事）の影響を受けること大なり。

17 大正一三年（一九二四）一七歳

大阪逓信講習所卒業。四月、大阪高麗橋郵便局勤務。郵便局に近い釣鐘町の長屋の一間を借りて住む。長屋の住人に手紙の代筆を頼まれ、身の上相談などを持ち込まれることが多く、都市の生活に強い関心を持つようになる。市の内外を徹底的にあるきまわり、乞食の社会に興味を持つ。

19大正一五年（一九二六）一九歳

大阪府天王寺師範学校第二部入学。国文の金子実英、地理の山極二郎、手工の佐藤佐に学ぶところ多し。金子には思想的に、山極には自然・人文の見方について、佐藤には日本建築史について目をひらかれる。この冬、東京高等師範受験のため上京。金子の親友・大宅壮一に会い、刺激を受け、それより約三年猛烈な読書をはじめ、一か月一万ページを読破することにする。ただし文学書が多い。円本時代であったため、日本文学全集・明治大正文学全集・世界文学全集・世界戯曲全集・近代劇全集・世界思想全集などを読みふける。有島武郎・石川啄木・国木田独歩・島崎藤村らの作品も愛読する。この頃より西洋映画に興味を持ち、名画といわれるものをことごとく見る。高師の入試は失敗。

20昭和二年（一九二七）二〇歳

四月、大阪第八連隊へ短期現役兵として入営、八月末退営。

九月、祖父・市五郎（八一歳）死去。祖父より昔話・童謡・民謡などを多く教えられる。この年、学友・有松佐一郎より柳田國男の名を教えられる。

九月、大阪府泉南郡有真香村修斉尋常小学校就職（訓導）。ただし辞令を二枚もらい、有真香校の方が田舎くさいので選ぶ。この学校、師範学校出は宮本ひとり、したがって教頭になる。校長・山本麻雄、独学にて正教員の検定に合格した人、縹渺とした哲人、酒を愛す。教案さえキチンと書いておればどんな教え方をしてもよいとした。そのため二日に一度は校外に出て遊ぶ。また、日曜は遠足に出かけることが多く、周辺をあるきまわり、乞食と仏像に親しむ。校長会は宮本がほとんど代理をつとめる。

21昭和三年（一九二八）二一歳

（一月、雑誌「旅と伝説」創刊される。同誌の八月号から柳田國男が「木思石語」の連載をはじめる。）それらに強くひかれ、しだいに民間伝承の研究にはいっていく。

四月、天王寺師範学校専攻科に入学。地理学専攻。国文の金子実英と哲学の森信三に深く教えられる。松本繁一郎宅に下宿し、親友重田堅一より月々一〇円のカンパを受ける。この頃、古代・中世文学書の乱読はじまる。

22昭和四年（一九二九）二二歳

三月、同校卒業。四月、泉南郡田尻小学校に赴任（訓導）。子供たちと周辺をあるきまわり、景観に刻み込まれた人間の営みの歴史と意志を読みとることに関心を持つようになる。

23昭和五年、六年（一九三〇、一九三一）二三歳、二四歳

一月、肋膜炎から肺結核を患い、三月、帰郷し療養にしたがう。教え子たちが水垢離(みずごり)、裸足(はだし)まいり、断食などをして神に祈ってくれ、死んではならないと療養に専念する。療養中、『近松門左衛門全集』『正岡子規全集』『長塚節全集』などを読み、『万葉集』をくりかえし読む。ややよくなって旦那寺(だんなでら)神宮寺経堂にある史書・経典の整理をおこなう。人の話の聞き書きをはじめ、村社会の成り立ち方に気づきはじめる。

「旅と伝説」三巻一号（昭和五年一月号）に「周防大島（1）」が掲載される。これ以後、昭和一一年一月号までほぼ隔月ごとに郷里の民俗を執筆する。同誌の昔話の募集（昭和五年九月、締切一一月）に応じ、祖父や母、周囲の人たちから聞いて記憶していた昔話を大学ノート二冊分送る。期日におくれていたため掲載されず。しかし柳田國男から丁重(ていちょう)な手紙と雑誌「郷土研究」「北安曇郡郷土誌稿

——年中行事篇」「民間暦小考」を送られ、投稿をすすめられる。こうしたことから、積極的に古老からの聞き書きをするようになり、周囲の村にも採集の足を伸ばすようになるが、郷里では「気狂い」とうわさされる。

25昭和七年（一九三二）二五歳

三月、健康回復し、大阪府泉北郡北池田小学校に就職（代用教員、八年一月には訓導に任ぜられる）。飛鳥時代に創建された池田寺の院坊のひとつである北池田の明王院に下宿。放課後のすべての時間を山野をあるくことにあて、昭和一〇年頃までの間に泉南郡は各集落をほとんどあるき、泉北郡は三分の二、南河内は約半分をあるく。あるくことによって実に多くを教えられる。日曜日は生徒とともにあるく。また奈良・京都の古社寺を巡拝。この頃より瀬戸内海の島々をあるきはじめる。

八月、父・善十郎（六〇歳）死去。宮本にとって偉大な教育者であった。

26昭和八年（一九三三）二六歳

三月、帆船日天丸にて播磨高砂より豊後佐賀関にいたる。この旅で海について教えられたことは絶大であった。海への関心深まる。小旅行、きわめて多くなる。

小谷方明らと和泉郷土研究会談話会をはじめる。ガリ版雑誌「口承文学」を出す。九月に第一号を出し、昭和一一年一月までに一二号を出して廃刊になる。ほとんどひとりでガリ版を切り、印刷し、配布する、という状態であった。この頃、短歌をさかんに詠む。雑誌「郷土研究」「上方」などに採集報告などの執筆が多くなる。

『歌集 樹蔭』（孔版、私家版）「口承文学」〈編集刊行〉（孔版）

27昭和九年（一九三四）二七歳

三月、大阪府泉北郡養徳小学校に転任（訓導）。鳳町野田五五五、山内時男方に転居。

九月、京都大学の講義に来た柳田國男によばれ、会う。民俗学講習会を提案。沢田四郎作、桜田勝徳、岩倉市郎、水木直箭らを教えられ、一〇月、小谷方明の世話で、堺市浜寺の海の家で研究会をひらく。この研究会は一一月から大阪の沢田四郎作の家でひらかれることになり、会の名称を大阪民俗談話会とした。他に藪重孝、出口米吉、後藤捷一、雑賀貞次郎、宮武省三、太田陸郎、河本正義、笹谷良造、鈴木東一、平山敏治郎、高谷重夫、岸田定雄、岩田準一ら集まる。これがのちに近畿民俗学会となる。

28昭和一〇年（一九三五）二八歳

二月、九年九月の第一室戸台風のため養徳小学校が廃校となり、泉北郡取石小学校に転任。この間、生徒たちと村の生活誌「とろし」（孔版）をつくる。

三月、大阪民俗談話会に渋沢敬三出席。この年、桜田、岩倉、東京に去る。

七月三一日―八月六日、柳田國男の還暦記念講習会が日本青年館で開催され、それに上京。全国の同好の士を知る。桜田勝徳、岡正雄、橋浦泰雄、金田一京助、伊波普猷、伊奈森太郎、小林存らにはかって、八月三日、柳田邸で民俗学研究者の全国組織をつくることを提案し、「民間伝承の会」の設立と、機関誌「民間伝承」の発行が決まる。（九月一八日、「民間伝承」創刊号が出る。）

講習会期間中の八月四日、アチックミューゼアムを見学。渋沢敬三と語る。この時郷里の漁村生活誌をまとめるようすすめられる。さっそく郷里に帰り、島々をあるく。

この年から一一年にかけて、土・日曜を、河内滝畑に左近熊太翁の話を聞きに通う。

また、一〇月、柳田國男の還暦記念講演会を、大阪民俗談話会主催によって大阪朝日新聞社講堂でひらく。ウィーン大学教授ウイルヘルム・シュミット博士の講演があり、多大の感銘を受ける。

一二月、奈良県南葛城郡秋津村大字蛇穴・玉田アサ子と結婚。大阪府泉北郡鳳町大鳥五〇〇に転居。

29昭和一一年（一九三六）二九歳

一月、「近畿民俗」創刊。

八月、国学院大学院友会館での民俗学講習会に上京。（この年、渋沢敬三、保谷に民族博物館をつくり、約八〇〇〇〇点の民具を収容する。）

六月、八月、一〇月には、民間伝承の会の「山村生活の研究」で奈良県吉野郡天川村その他吉野の山村を担当し、はじめて山村の調査をおこなう。

「周防大島を中心としたる海の生活誌」（アチックミューゼアム彙報11、アチックミューゼアム）『慣行自治と教育』（大阪府泉北郡取石小学校）

30昭和一二年（一九三七）三〇歳

三月、福井県石徹白（いとしろ）村（現、岐阜県白鳥町）の調査をおこなう。

五月、アチックミューゼアム所員の瀬戸内海巡航に同行。東瀬戸内海の島々をまわって、西瀬戸内海の島の生活との比較の機会を持つ。

一二月、長男・千晴生まれる。

「河内国（かわちのくに）滝畑左近熊太翁旧事談」（アチックミューゼアム彙報23、アチックミ

ューゼアム）

31昭和一三年（一九三八）三一歳

近江の湖北の山村をあるき、民衆の生活や生きざまに興味を持ちはじめる。

32昭和一四年（一九三九）三二歳

二月、口内炎を病んで臥す。森信三の見舞を受け、満州建国大学の助手として渡満するようすすめられ、意おおいに動き、東京にいる親友岩倉市郎に手紙を出す。

四月、渋沢敬三より至急上京せよとの電報を受けて上京、満州へ行くまでの間全国を一通り見てあるくようすすめられ、すぐ教師をやめるべしと説得される。考慮を約して帰阪。

九月、教師をやめて上京すべし、と再び長文の電報を受け、ようやく決心して、九月三〇日退職。それより吉野西奥をあるく。一〇月二五日上京、アチックミューゼアムに入り、はじめて本格的に学問をはじめる。妻子は大阪におく。以後、人生全般にわたり、渋沢の強い影響を受ける。一一月には中国地方の旅に出る。

33昭和一五年（一九四〇）三三歳

一月、屋久島・種子島・大隅半島・宮崎県南那珂郡・米良・椎葉などをあるいて、三月、東京へ帰る。四月に桜田勝徳と伊豆西海岸をあるき、わかれて富士吉田から山中を上野原まであるく。五月、鹿児島県宝島・奄美大島・喜界島をあるき、帰途山口に寄って郷土資料を書写。七月、東京へ帰る。右の旅行中、建国大学の大山彦一教授が正式に交渉に来たが、渋沢敬三が満州行きをことわる。

一一月、新潟からはじめ、山形・秋田・青森・岩手・福島をあるき、ライフヒストリー、農業技術、オシラサマなどを調べる。

旅のたびに柳田にも報告、成城（柳田）と三田（渋沢）の連絡役をつとめる。また、あるくたびに報告書をまとめ、あいまには東京郊外をあるく。この頃よりウエルターのブローニ判で写真を撮る。

34昭和一六年（一九四一）三四歳

一月、郷里へ帰って農具の調査。二月、郷里をたって愛媛・高知・徳島をあるく。四月、淡路島沿岸の調査。七月、津軽川倉・小泊。八月、美濃近江の山中。九月、魚名を調べるために伊予川之江を起点に、三島・小松・波止浜・大三島・豊島・宮窪・弓削島・因島をあるき、漂泊漁民や技術による住み分けに興味を持つようになる。一〇月、越後大白川へ行き、さらに越前石徹白・大野・疋田をあるき鵜飼を調べる。一二月、土佐寺川・大杉・祖谷山をあるく。その間一五年頃より、渋沢に協力して『延喜式』中の水産物の研究。

35昭和一七年（一九四二）三五歳

二月、胃潰瘍にて倒れ、しばらく療養、郷里で百姓。七月、柱島に行き、九月、淡路由良・播磨東条・家島・大阪テグス問屋・米田村・滝野・比延庄・上鴨川等をあるく。テグスと釣針の調査。一二月、播磨浄土寺・米田村・丹後舞鶴・間人・浜詰・由良・越前・黒目・波松・能登一宮・鵜浦をあるく。釣針、テグス、製塩、鵜飼。

（この年、アチックミューゼアムは日本常民文化研究所と改称される。）

民俗学関係の論文・報告などの目録作成をはじめ、一二月には八〇〇〇枚ほどの原稿ができる。

「出雲八束郡片句浦民俗聞書」（アチックミューゼアムノート22、アチックミューゼアム）『民間暦』（民俗選書、六人社）「吉野西奥民俗採訪録」（日本常民文化研究所ノート20、日本常民文化研究所）

36昭和一八年（一九四三）三六歳

一月、三河花祭を見る。

三月、長女・恵子生まれる。

この年、保谷民族博物館所蔵の民具約一万二〇〇〇点の整理を、宮本馨太郎、吉田三郎とともにおこなう。

『屋久島民俗誌』（日本常民文化研究所ノート26、日本常民文化研究所）『家郷の訓』（女性叢書、三国書房）『村里を行く』（女性叢書、三国書房）

37昭和一九年（一九四四）三七歳

一月、大阪に帰り、岸田定雄の世話で奈良県郡山中学校の教諭嘱託となり、歴史と国語を教える。奈良県下を精力的にあるく。民俗学の調査ばかりでなく、高田十郎に教わりつつ寺や史蹟も足にまかせてあるく。この時期、西宮の田岡香逸、吉井良秀、辰馬悦蔵らと親しくし、彼らを通じて水野清一、小林行雄、さらに今西錦司、森鹿三、日比野丈夫、吉田光邦ら、京都大学人文科学研究所系の学者を多く知るようになる。

38昭和二〇年（一九四五）三八歳

篤農（とくのう）協会米山九蔵を介して大阪府知事の要請を受け、四月、府の嘱託となり、自転車で府下の村々をしらみつぶしにまわりつつ、生鮮野菜供給を維持し、技術の交流をはかる。

七月、空襲によって、鳳町の家、家財、書籍、東京、西宮に分散しておいたものもあわせ、調査資料（原稿一万二〇〇〇枚、採集ノート一〇〇冊、写真その他）一切を焼く。

一〇月、戦災による帰農者をつれ北海道北見へ行く。道内開拓地の実情をたずねあるくこと一か月。六日間水だけで東京へ帰る。

39　昭和二一年（一九四六）三九歳

一月、妻とともに郷里に引きあげ、百姓をすることにする。

しかし二月より、大阪の百姓たちの求めで農業指導にあるきはじめる。あわせて技術・習俗・社会組織・山林・土地制度を調べる。兵庫の鴨庄を調査。渋沢に軍備放棄の話を聞き、食料の自給と国民ひとりひとりの安定した生活をうちたてる必要、また富の地域的偏在の解消の重要さを痛感。以後、地域社会のリーダーを探すことを、あるく目的のひとつにする。

四月、農林省より委嘱を受けて、食料増産対策のために農隙（のうげき）を利用して全国をあるくことになる。渡辺敏夫の新自治協会の嘱託になり、農村研究室室長となる。

六月まで、東京―九州間、八月、東北各地、一〇月、奈良、大阪、西宮、鴨庄をあるく。講演で旅費を稼ぎながら、篤農家や指導者を求め、指導を受け、またその技術を伝えあるく旅がはじまる。以後四〇年まで、今治（いまばり）の丸木長雄、大阪の松田光能、芦田恵之助をはじめ、一〇〇〇人以上のリーダーたちに会う。一方、京都の学者たちとの交わりも深める。とくに作物学では大川金作、米安晟、水産では藤永元作の指導を受ける。

二男・三千夫生まれる。夭折（ようせつ）。

40昭和二二年（一九四七）四〇歳

農隙を利用して東北を主に、全国各地をあるく。

一〇月、渋沢と京都・生駒・河内・柏原・恩智・鴨庄・但馬・丹波・西宮・淡路・徳島・高松・伊予三島・今治・馬島・松山・周防大島・門司・飯塚・博多・長崎県湯江・佐賀・熊本県西合志・鹿児島・甲佐・大分・臼杵をあるき、地域リーダーたちに会う。

41昭和二三年（一九四八）四一歳

一〇月、大阪府農地部長の平野勝二に乞われて農地部の嘱託となり、農地解放と農協育成の指導にあたる。ただし、旅の途次（とじ）大阪へ寄る機会におこなう。この時期は農地問題、農業技術にもっとも関心を持っていた。講義や指導のテキストとして「大阪府農業技術経営小史」「篤農家の経営」（のち宮本常一著作集19

所収）を書く。

『丸木先生の多収穫育苗法』（新農村叢書5、新自治協会）『愛情は子供と共に』（馬場書店）『村の社会科』（昭和書院）

42昭和二四年（一九四九）四二歳

六月、徳島県にてリンパ腺化膿のために危篤となる。ペニシリンにて助かる。

一〇月、農林省水産資料保存委員会調査員を嘱託せられ、主として瀬戸内海漁村の調査にあたり、生態学的な見方による生活誌の必要を痛感。一方、農業指導の旅もつづく。

この年、民俗学会評議員になる。

（日本常民文化研究所は東海区水産研究所に一室を借り、水産資料の蒐集調査のため若い所員を集める。）それにつき、三田渋沢邸にもひとり補佐する者がほしいから、できるだけ東京にいる時間を長くするようにと渋沢敬三からいわれ、東京滞在を長くする。

『越前石徹白民俗誌』（全国民俗誌叢書2、三省堂）

43昭和二五年（一九五〇）四三歳

民族学協会評議員になる。

七月、八学会連合（翌年九学会になる）の対馬調査に民族学班として参加。ほとんど全島をあるく。帰途、壱岐調査。主として漁業および社会組織の調査をおこなう。専門を異にする人々との共同調査で、大きな刺激をうけると同時に、調査方法、研究方法について自信を深める。

『ふるさとの生活』（大阪朝日新聞社出版局）

44昭和二六年（一九五一）四四歳

八月、九学会連合対馬調査。壱岐調査。

奈良県文化財総合調査員として都介野地区の調査に参加。

秋、能登時国家の調査。

この頃、山階芳正らの島嶼社会研究会にはいり、離島研究に積極的にとりくむ。

『泉佐野に於ける産業の発展過程の概要』（大阪府泉佐野市）『越前石徹白民俗誌』（刀江書院）

45昭和二七年（一九五二）四五歳

五月、山階らと長崎県五島列島学術調査に参加。歴史、経済史担当、漁民の移動を調べる。離島の生活環境の改善の要を訴え、島嶼社会研究会を足場に離島振興法の制定に奔走。

八月、九学会連合能登調査、社会学武田良三班に加わり中世的村落社会の調査。

一二月、三男・光生まれる。

46昭和二八年（一九五三）四六歳

五月、肺結核が再発し赤坂前田病院に入院。ストレプトマイシン直接注入療法によって助かる。

七月、離島振興法成立。

一〇月、全国離島振興協議会設立後、島嶼社会研究会山階、大村肇、竹田旦、小野博司、神保教子らと事務局を引き受け、三二年五月まで、無給で事務局長をつとめる。以後、離島振興のための調査と振興事業の策定に尽力。

「岡山県御津郡円城村」（国有林野地元利用状況実態調査報告Ⅵ、林野庁）『日本の村』（中学生全集90巻、筑摩書房）

47昭和二九年（一九五四）四七歳

一二月、平野勝二（この年まで東京営林局長）、高松圭吉、外木典夫、河岡武春らと林業金融調査会をつくり、理事として指導にあたると同時に、自ら（みずか）も山村の経済生活実態調査に乗り出す。二百余か所を調査して、昭和四三年三月解散。

この年より昭和三四年にかけては渋沢敬三より旅行をとめられ、もっぱら執筆活動。ただし渋沢敬三、外国旅行中は国内各地をあるく。

『松浦文化経済史』（私家版）「山口県久賀町誌」〈監修〉（山口県大島郡久賀町役場）

48昭和三〇年（一九五五）四八歳

一二月、「絵巻物による常民生活絵引」の研究会はじまる。渋沢敬三の企画によって、常民文化研究所でおこなう。戦前からおこなわれていたが、中断していたもの。これは代表的な絵巻物の中から民俗資料を取り出し、村田泥牛が模写したものに解説を付したものであるが、解説のたたき台となる草稿の大半は宮本の手になるものである。研究会は毎月一回、四一年八月頃までおこなわれる。角川書店から、全五巻として刊行される。民衆の生活の成り立ちと生活誌、ライフヒストリー、および生活技術の構造への関心強まる。

この年、佐渡の八珍柿の栽培指導、技術指導に努力する。

『周防大島天保（てんぽう）度農業問答嘉永（かえい）度年中行事』〈岡本定と共編〉（常民文化研究71、日本常民文化研究所）『海をひらいた人びと』（小学生全集74、筑摩書房）『民俗学への道』（民俗民芸双書6、岩崎書店）『緒方青木一族・安下浦夜話』（大島民報社）「島根県日原町」（林業金融基礎調査報告、林業金融調査

会）『国有林地元利用状況調査の総括分析』〈島田錦蔵・稲葉泰蔵と共著〉（林野庁）

49昭和三一年（一九五六）四九歳

一月、名古屋大学医学部精神医学教室人間関係総合研究班に、民族学担当として参加。愛知県名倉、同佐久島の調査を、翌年にかけておこなう。長男・千晴上京、三八年まで渋沢邸に寄留。

「宮城県栗駒村」（山林経済実態調査報告、林野庁調査課）「秋田県上小阿仁村」（山林経済実態調査報告、林野庁調査課）『周防大島昔話集』〈編著〉（大島文化研究連盟）

50昭和三二年（一九五七）五〇歳

五月、全国離島振興協議会事務局長を退職し、六月より第二期幹事となる（三九年一月より没年まで顧問）。この頃、谷川健一とはかって平凡社より『風土記日本』（全七巻）刊行。この編集と執筆にはたいへんな情熱を注ぎ、そのため、また身体をこわす。ようやくくらしの息がつけるくらいになる。戦後ずっと定収入なし。あまり金にならぬ雑文を書いてわずかに糊口をしのぐ。

一一月、文化庁文化財保護委員会調査委員を三三年三月までつとめる。

「愛知県名倉村」(林業金融基礎調査報告、林業金融調査会)『風土記日本』全7巻〈大藤時彦・鎌田久子と共編〉(平凡社、―一九五八年)「林道」(林業金融基礎調査報告、林業金融調査会)『日本の子供達』(写真でみる日本人の生活全集第9巻、岩崎書店)

51昭和三三年(一九五八)五一歳

六月、広島県文化財保護委員会専門委員となる。四七年七月まで。一〇月、木下順二らと雑誌「民話」を未来社より創刊。三五年九月、第二四号で停刊になるまで、ほぼ隔月ごとに「年寄りたち」を連載。

『中国風土記』(広島農村人文協会)

52昭和三四年(一九五九)五二歳

十二指腸潰瘍にて癌研究所病院田崎、緑川両博士より長期療養を命ぜられる。七月、九学会連合佐渡調査、民族学班として参加。三九年にわたる。経企庁に離島振興課設置なる。

谷川健一と『日本残酷物語』の編集・執筆にとりくむ。

九月から一二月まで、四か月ほどかけて「瀬戸内海島嶼の開発とその社会形成」を書く。宮本の意志で進んで書いたのはこの書物だけ。三六年一二月、この論文により東洋大学より文学博士の学位を受ける。

「庶民の世界」（日本文化研究第3巻、新潮社）『日本残酷物語』全5巻〈山本周五郎・楫西光速・山代巴と共同監修〉（平凡社、一九六〇年）

53昭和三五年（一九六〇）五三歳
『離島振興実態調査報告Ⅰ――愛媛・広島・山口――』（全国離島振興協議会）『忘れられた日本人』（未来社）『日本の離島　第1集』（未来社）『日本残酷物語』現在篇2巻〈監修〉（平凡社、一九六一年）『僻地の旅』〈編著〉（修道社）

54昭和三六年（一九六一）五四歳
『日本の離島　第1集』により日本エッセイスト・クラブ賞、瀬戸内海の産業文化開発に功ありとして中国文化賞を受ける。ようやく少し生活のゆとり。長女・恵子上京、渋沢邸に寄留。渋沢邸を出て府中市新町三―九―一二に転居。（この年、保谷の民族博物館の民具は戸越の文部省資料館へ移管になる。）
「林道とその効果」（林業金融基礎調査報告77、林業金融調査会）『庶民の発見』（未来社）『都市の祭と民俗』（慶友社）『秘境』〈編著〉（有紀書房）『新編　村里を行く』（未来社）『島』〈編著〉（有紀書房）『離島僻地新生活運動

の根本問題』(新生活協会)『中小離島における振興事業の意義と効果』(全国離島振興協議会)

55昭和三七年(一九六二) 五五歳

三月、母・マチ、郷里に死す。

四月、妻子東京に出て来て、家族はじめて一緒に住むことになる。

八月、五島を旅行中、柳田國男長逝。

『日本祭礼風土記』全3巻〈編集〉(慶友社、—一九六三年)『甘藷(かんしょ)の歴史』(双書日本民衆史7、未来社)『林道投資の実態と問題』(林野庁調査課)『松浦文化経済史』(長崎県)

56昭和三八年(一九六三) 五六歳

八月、九学会連合下北半島調査に日本民俗学班として参加、三九年にわたる。

一〇月、渋沢敬三逝去。渋沢の世話になること、昭和一四年以来二五年に及ぶ。渋沢からは、はじめ遊歴人、昭和三二年以降は箱入息子といわれたが、ある日、どれほどあるいたか調べてみよ、とのことでざっと計算してみると、旅行日数約四〇〇〇日、通過した町村(旧村)三〇〇〇、足をとどめて話を聞いた箇所八〇〇、民家にとめてもらうことおよそ一〇〇〇軒であった。この年、武蔵野美術大学より教授就職の要請があり、渋沢はじめて承諾す。それまで就職の口かかるも渋沢が宮本にかわって拒絶していた。できるだけ束縛のない状況におきたかったものと思われる。

この年、林業金融調査会に集まる若い人たちとデクノボウ・クラブをつくり、タイプ版の雑誌「デクノボウ」を出す（創刊号六月）。これは一九六八年春頃までに五四号を出している。

また、長谷川龍生らと「日本発見の会」をつくり、雑誌「日本発見」（創刊号七月）を出すも、五号で終わる。

『民衆の知恵を訪ねて』（未来社）『村の若者たち』（レインボウブックス、家の光協会）『開拓の歴史』（双書日本民衆史1、未来社）

57昭和三九年（一九六四）**五七歳**

四月、武蔵野美術大学非常勤教授となる。

この年、日本塩業研究会会長となる。

『山に生きる人びと』（双書日本民衆史2、未来社）『離島の旅』（人物往来社）『日本の民俗』全11巻〈池田弥三郎・和歌森太郎と共編〉（河出書房新社、一一九七一年）『海に生きる人びと』（双書日本民衆史3、未来社）『経

済実態調査報告』（新潟県佐渡郡赤泊村）『日本の民具』全4巻〈渋沢敬三先生追悼記念出版〉（慶友社、一九六七年）

58昭和四〇年（一九六五）五八歳

四月から武蔵野美術大学専任教授となり、民俗学、生活史、文化人類学の講義をはじめる。病気で動けぬとき以外は休講せず、学生の教育に情熱を注ぐ。この頃から有形文化、主として民具の研究に本格的にとりくむ。地方の人たちに、自らあゆんで来た道を再評価してもらう手段として、民俗資料館づくりに力を入れはじめる。しかし、大学へ勤めるようになって、春・夏・冬の休み以外は旅をすることはほとんどなくなる。とくに一人旅が減る。

近畿日本ツーリスト副社長馬場勇の要請によって、日本観光文化研究所をつくることになり、一〇月初めから一九六六年一二月末まで六五回にわたって放映された近畿日本ツーリスト提供の「日本の詩情」（日経映画社製作）の企画・監修にあたる。

『生業の推移』（日本の民俗第3巻、河出書房新社）『瀬戸内海の研究Ⅰ』（未来社）『日本の宿』（現代教養文庫、社会思想社）『菅江真澄（すがえますみ）遊覧記』全5巻〈内田武志と共編〉（東洋文庫、平凡社、一九六八年）

59昭和四一年（一九六六）五九歳

一月より日本観光文化研究所が開設され（正式発足は四月）、姫田忠義、長男・千晴ら若い人たちと、旅のあり方や地方の文化についての研究をはじめる。その後、若い所員たちは数十名に増え、地方の生活文化や、民族文化の研究、民具の収集、民家や和船の調査、地方民俗資料館の設立協力、記録映画の作成など、フィールドワークを基礎にした調査研究が多岐にわたって進む。

四月、武蔵野美術大学に生活文化研究会をつくり、学生とともに生活用具、民家、集落、石造物などの共同調査を進める。

『日本の離島　第2集』（未来社）『辺境を歩いた人々』〈編著〉（さ・え・ら伝記ライブラリー14、さ・え・ら書房）『村のなりたち』（双書日本民衆史4、未来社）『パイロット林道開設の効果を追求する調査報告――長野県奈川・安曇地域』（林野庁林道課）

60昭和四二年（一九六七）六〇歳

この頃から、文化庁木下忠らに協力して、積極的に民俗資料の大型コレクションを進め、調査と指定を進めはじめる。

一月、東京都府中市文化財専門委員会議長、五四年三月まで。

三月、月刊雑誌「あるくみるきく」(日本観光文化研究所)創刊。企画・監修。(六三年通巻二六三号までつづく。)

四月、早稲田大学理工学部講師、四六年三月まで民俗学を講ず。

七月、結核再発し、北里病院入院。

『天竜川に沿って』(私の日本地図1、同友館)「あるくみるきく」〈月刊雑誌、企画・監修〉(日本観光文化研究所編、一九八八年)『日本の中央と地方』(宮本常一著作集2、未来社)『上高地付近』(私の日本地図2、同友館)『風土と文化』(宮本常一著作集3、未来社)『家郷の訓・愛情は子供と共に』(宮本常一著作集6、未来社)『下北半島』(私の日本地図3、同友館)

61 昭和四三年(一九六八)六一歳

この年と翌年、広島県家船調査。

武蔵野美術大学によって、吉田格らと横浜市港北区の宮ノ原遺跡の発掘。

一二月、観光資源保護財団評議委員となる。

この年、学生たちと民具調査にあるく。東京都府中市、青梅市、広島県因島市箱崎、山口県阿武郡川上村、大島郡東和町、岩手県雫石町。

『町のなりたち』(双書日本民衆史5、未来社)『離島地域における社会開発と経済開発の関連に関する調査・姫島』〈共著〉（経済企画庁）『南の島を開拓した人々』〈編著〉（さ・え・ら伝記ライブラリー28、さ・え・ら書房）『ふるさとの生活・日本の村』（宮本常一著作集7、未来社）『瀬戸内海1　広島湾付近』（私の日本地図4、同友館）『日本庶民生活史料集成第1巻　探検・紀行・地誌　南島篇』〈編集〉（三一書房）『民俗学への道』（宮本常一著作集1、未来社）『大隅半島民俗採訪録』（常民文化叢書、慶友社）『大名の旅』〈編著〉（現代教養文庫、社会思想社）『五島列島』（私の日本地図5、同友館）

62 **昭和四四年**（一九六九）**六二歳**

田耕（でんたがやす）の鬼太鼓座（おんでこざ）設立に協力。以後、最期まで側面より協力をつづける。

この年、学生たちと民具調査にあるく。東京都府中市、青梅市、広島県三原市能地、山口県川上村、長野県奈川村、福島県大内宿。

『日本庶民生活史料集成第2巻　探検・紀行・地誌　西国篇』〈編集〉（三一書房）『日本の離島　第1集』（宮本常一著作集4、未来社）『瀬戸内海2　芸予の海』（私の日本地図6、同友館）『日本の子供たち　海をひらいた人びと』（宮本常一著作集8、未来社）『府中市の現存草葺民家調査集』〈編集〉

（府中市近代編資料集1、東京都府中市）『旅の発見――日本文化を考える――』〈編著〉（現代教養文庫、社会思想社）

63昭和四五年（一九七〇）六三歳

武蔵野美術大学調査団長として、横浜市緑区霧ヶ丘遺跡の発掘。縄文時代の猪（いのしし）の落とし穴について解明。以後、武蔵野美術大学地球を掘る会の諸発掘に団長として参加。

八月、佐渡で「日本海大学」をひらく。

九月、離島振興審議会委員、五四年六月まで。

この年、学生たちと民具調査にあるく。広島県宮島町、山口県川上村、東京都府中市、青梅市、石川県珠洲市火宮、新潟県佐渡小木町。

『佐渡』（私の日本地図7、同友館）『民間暦』（宮本常一著作集9、未来社）『日本庶民生活史料集成第10巻　農山漁民生活』〈編集〉（三一書房）『沖縄』（私の日本地図8、同友館）『日本の離島　第2集』（宮本常一著作集5、未来社）『庶民の旅』〈編著〉（現代教養文庫、社会思想社）『府中市の現存民具調査集』〈編集〉（府中市近代編資料集5、東京都府中市）

64昭和四六年（一九七一）六四歳

五月、沢田四郎作逝去。

日本観光文化研究所所員・同人によって、中・高校生向きの風土記二〇巻をつくることを企画、準備をはじめる。

一〇月、山口県文化財保護委員会専門委員。

この年、学生たちと民具調査にあるく。広島県宮島町、山口県美和町、山口県久賀町。

『日本庶民生活史料集成第12巻、世相（二）』〈編集〉（三一書房）『菅江真澄全集』全12巻別巻2巻〈内田武志と共編〉（未来社、—一九八一年）『瀬戸内海3　周防大島』（私の日本地図9、同友館）『忘れられた日本人』（宮本常一著作集10、未来社）『早川孝太郎全集』〈宮田登と共編〉（未来社、—二〇〇三年）『武蔵野・青梅』（私の日本地図10、同友館）『府中市の庶民生活調査資料集』〈編著〉（府中市近代編資料集7、東京都府中市）『伊勢参宮』〈編著〉（現代教養文庫、社会思想社）

65　昭和四七年（一九七二）六五歳
この年から四九年まで、地元研究者および武蔵野美術大学生活文化研究会を指揮して『広島県史　民俗篇』のための調査をおこなう。

四月、岡山大学法文学部講師。

九月、日本生活学会理事。

この年、学生たちと民具調査にあるく。東京都府中市、福島県田島町、新潟県佐渡相川町、宮城県川崎町、広島県福山市松永町、山口県東和町。

『中世社会の残存』(宮本常一著作集11、未来社)『日本庶民生活史料集成第20巻 探検・紀行・地誌補遺』〈編集〉(三一書房)『村の崩壊』(宮本常一著作集12、未来社)『阿蘇・球磨』(私の日本地図11、同友館)『日本常民生活資料叢書』全24巻〈編集委員〉(日本常民文化研究所編、三一書房、一九七三年)『旅の民俗——のりものとはきもの——』〈編著〉(現代教養文庫、社会思想社)

66昭和四八年(一九七三)六六歳
四月、農林省生活改善資料収集委員会委員。

NHK放送文化財ライブラリー諮問委員会委員。

五月、日本文化研究所理事。

この年、学生たちと民具調査にあるく。広島県瀬戸田町、宮城県川崎町、山口県美和町、広島県松永町。

『民衆の文化』（宮本常一著作集13、未来社）『山村と国有林』（宮本常一著作集14、未来社）『瀬戸内海4　備讃の瀬戸付近』（私の日本地図12、同友館）『日本を思う』（宮本常一著作集15、未来社）『海と日本人』〈編著〉（八坂書房）『山村社会経済誌双書』全20巻〈監修〉（7、10巻のみ刊行、国土社）

67昭和四九年（一九七四）六七歳

この年から五二年まで、二〇名もの地元研究者や武蔵野美術大学生活文化研究会を指揮して、『三原市史　民俗篇』の調査をおこなう。

一〇月、地方の民俗資料館関係者の研究能力向上を目ざして、常民文化研究所主催で第一回民具研究講座開催。宮本の民具学会設立提案は満場一致で可決される。学会設立準備委員会幹事となる。

一二月、南佐渡で林道明、真島俊一らと漁業調査。

この年、学生たちと民具調査にあるく。広島県世羅町、比和町、吉田町、筒賀村。

『日本の民俗35　山口』〈財前司一と共著〉（第一法規出版）『屋久島民俗誌』（宮本常一著作集16、未来社）『萩付近』（私の日本地図13、同友館）『日本の海洋民』〈川添登と共編〉（未来社）『宝島民俗誌・見島の漁村』（宮本常一著作集17、未来社）『日本に生きる』全20巻〈日本観光文化研究所編、監修、『新日本風土記』と改題〉（国土社、―一九七七年）『山の道』〈編著〉（八坂書房）

68昭和五〇年（一九七五）六八歳

七月、伊藤幸司のはからいで、日本観光文化研究所アムカス探検学校に参加。アフリカのケニア、タンザニアで民族文化調査をおこなう。はじめて国外をあるき、おおいに眼をひらかせられる。文化の同質性に関心を持ちはじめる。

一一月、日本民具学会設立、幹事となる。

この年、学生たちと民具調査にあるく。新潟県佐渡相川町、広島県三原市、沖縄。

『千社札』〈監修〉（淡交社）『旅と観光』（宮本常一著作集18、未来社）『京都』（私の日本地図14、同友館）「南佐渡の漁撈習俗」〈監修〉（南佐渡漁撈習俗緊急調査報告書、新潟県佐渡郡小木町）『農業技術と経営の史的側面』（宮本常一著作集19、未来社）『海の民』（宮本常一著作集20、未来社）『川の道』〈編著〉（八坂書房）『山村の地域文化保存についてI』〈監修〉（山村振興調査会）

69昭和五一年（一九七六）六九歳
『庶民の発見』（宮本常一著作集21、未来社）『産業史三篇』（宮本常一著作集22、未来社）『明治・大正　長州北浦風俗絵巻』〈監修〉（マツノ書店）『中国山地民俗採訪録』（宮本常一著作集23、未来社）『壱岐・対馬紀行』（私の日本地図15、同友館）

70昭和五二年（一九七七）七〇歳
三月、疲労が大きいので大学を退職することにする。三男・光が郷里で百姓をはじめたのを拠点に、郷里にもしばしば帰ることになり、もう一度瀬戸内海をあるくことを計画する。やっと郷里の東和町誌のための調査に本腰が入りはじめる。村崎義正、村崎修二らに猿まわしの復活をすすめ、以後、熱心に応援する。
＊五月、日本民族学会第一六回大会（於・愛媛大学）において「瀬戸内海文化の系譜」を講演する。
武蔵野美術大学より名誉教授の称号を受ける。

一〇月、済州島に行く。日本の海女の系譜をさぐるため。

一二月、宮本常一著作集第一期二五巻完成により、日本生活学会より今和次郎賞を受く。

『海の道』（八坂書房）『日本民俗文化大系』全12巻〈編集〉（講談社、一九七九年）『山村の地域文化保存についてⅡ』〈監修〉（全国農業構造改善協会）『食生活雑考』（宮本常一著作集24、未来社）『日本祭礼地図4　冬・新春編』〈編集〉（国土地理協会）『日本塩業大系　特論民俗』〈編集〉（日本専売公社）『村里を行く』（宮本常一著作集25、未来社）『日本の名産事典』〈監修〉（東洋経済新報社）

71昭和五三年（一九七八）七一歳

九月、今西錦司、四手井綱英、河合雅雄、広瀬鎮、江原昭善、岩本光雄、村崎修二、姫田忠義らと猿の教育研究グループを結成。

『広島県史　民俗編』〈編集〉（広島県）『渋沢敬三』（日本民俗文化大系3、講談社）『民俗学の旅』（文藝春秋社）

72昭和五四年（一九七九）七二歳

この年から、日本観光文化研究所香月洋一郎、印南敏秀らと、周防大島久賀町の石垣の調査をおこなう。『広島県史』『三原市史』の調査につづくこの調査で、開拓・定住史の調査方法論に自信を持つ。

三月、五月の福島県飯坂温泉再開発調査（日本観光文化研究所）に参加するが、身体のおとろえが目立つ。この月と七月に、土佐へ長州大工の調査に行く。
六月、国土審議会離島振興対策特別委員会委員、委員長代理となる。
＊七月、日本観光文化研究所において「日本文化形成史」講義をはじめる。
九月、神崎宣武と〝ファンの集い〟に贈られて、台湾に行く。
＊一〇月、日本生活学会第六回公開講演会（於・福岡県婦人会館）で「海洋文化と福岡」を講演する。
『民具学の提唱』（民族文化双書1、未来社）『三原市史第7巻　民俗篇』〈監修〉（三原市）

73 昭和五五年（一九八〇）七三歳

＊一月、国立民族学博物館主催の「日本民族文化の源流の比較研究シンポジウムI――農耕文化――」に参加、日本における農耕の起源についておおいに考え進む。
三月、郷里山口県大島郡東和町に郷土大学をつくる。学長として育成につとめる。

七月、近鉄興業の依頼により、日本観光文化研究所を動員して志摩阿児町に志摩民俗資料館をつくる。

＊九月四日、日本観光文化研究所における講義「日本文化形成史」第一一回を終える。
九月一四―二四日、近畿日本ツーリストの招待で中国をあるく。倭の文化についての具体的なイメージを確認し『海から見た日本』（日本民族とその文化の形成史）の構想かたまり、執筆準備にかかる。

一二月一一日、日本文化会議で最後の講演「日本人の知恵再考」をおこなう。

一二月二三日、都立府中病院入院。三一日、正月を家で過ごしたいという希望で家に帰る。

『あるくみるきく選書1―3』〈編集〉（アスク、――一九八〇年）『桜田勝徳著作集』全7巻〈編集委員〉（名著出版、―一九八二年）『野田泉光院』（旅人たちの歴史1、未来社）『菅江真澄』（旅人たちの歴史2、未来社）

昭和五六年（一九八一）

一月四日、再度入院。

一月三〇日、逝去（病名、胃癌）。二月二日、国分寺市東福寺で葬儀、五日、郷里東和町長崎の神宮寺において葬儀。

『絵巻物にみる日本庶民生活誌』（中央公論社）『世界編』1―3〈監修〉（シ

リーズ食文化の発見、柴田書店）『大阪の昔話――夢のしらせ』（近畿民俗叢書1、現代創造社）『歌集――生命のゆらめき』（近畿民俗叢書2、現代創造社）『日本文化の形成』講義1、講義2、遺稿（そしえて）『民衆の知恵を訪ねて』（宮本常一著作集26、未来社）

なお「宮本常一追悼文集」として『宮本常一――同時代の証言』が日本観光文化研究所から五月に刊行された。

昭和五七年（一九八二）

『住いと町並み』〈高松圭吉・米山俊直と共同監修〉（日本人の生活と文化10、ぎょうせい）『織りと染めもの』〈監修〉（日本人の生活と文化8、ぎょうせい）『町の暮しとなりたち』〈監修〉（日本人の生活と文化1、ぎょうせい）『とろし』（宮本常一著作集別集1、未来社）『神々との遊び』〈監修〉（日本人の生活と文化12、ぎょうせい）『暮しの中の焼きもの』〈監修〉（日本人の生活と文化4、ぎょうせい）『暮しの中の竹とわら』〈監修〉（日本人の生活と文化6、ぎょうせい）『祈願のかたち』〈監修〉（日本人の生活と文化11、ぎょうせい）『都市の祭と民俗』（宮本常一著作集27、未来社）『村の暮しとなりたち』〈監修〉（日本人の生活と文化2、ぎょうせい）『東和町誌』〈編著〉（東和町）『暮しの中の鉄と鋳もの』〈監修〉（日本人の生活と文化7、ぎょうせい）『食べものの習俗』〈監修〉（日本人の生活と文化9、ぎょうせい）『暮しの中の木器』〈監修〉（日本人の生活と文化5、ぎょうせい）『海の暮しとなりたち』〈監修〉（日本人の生活と文化3、ぎょうせい）

昭和五八年（一九八三）

『琉球諸島の民具』〈監修〉（民族文化双書2、未来社）『民話とことわざ』（宮本常一著作集別集2、未来社）『対馬漁業史』（宮本常一著作集28、未来社）

昭和五九年（一九八四）

『中国風土記』（宮本常一著作集29、未来社）『忘れられた日本人』（岩波文庫）『家郷の訓』（岩波文庫）『ルングス族の四季』〈監修〉（民族文化双書3、未来社）『古川古松軒 イザベラ・バード』（旅人たちの歴史3 未来社）『民俗のふるさと』（宮本常一著作集30、未来社）

昭和六〇年（一九八五）

『塩の道』（講談社学術文庫）『周防大島昔話集』（周防大島文化シリーズ2、瀬戸内物産出版部）『民間暦』（講談社学術文庫）

昭和六一年（一九八六）

『村の旧家と村落組織1』（宮本常一著作集32、未来社）『佐渡の石臼（いしうす）』〈監修〉（民族文化双書4、未来社）『旅にまなぶ』（宮本常一著作集31、未来社）『村の旧家と村落組織2』（宮本常一著作集33、未来社）『ふるさとの生活』（講談社学術文庫）『離島の旅』（宮本常一著作集35、未来社）

昭和六二年（一九八七）

『庶民の発見』（講談社学術文庫）『日本の宿』（旅の民俗と歴史1、八坂書房）『旅の発見――日本文化を考える』〈編著〉（旅の民俗と歴史3、八坂書房）『大名の旅――本陣を訪ねて』〈編著〉（旅の民俗と歴史2、八坂書房）『海と日本人』〈編著〉（旅の民俗と歴史7、八坂書房）『庶民の旅』〈編著〉（旅の民俗と歴史4、八坂書房）『山の道』〈編著〉（旅の民俗と歴史8、八坂書房）『伊勢参宮』〈編著〉（旅の民俗と歴史5、八坂書房）『川の道』〈編著〉（旅の民俗と歴史9、八坂書房）『旅の民俗――はきものとのりもの』〈編著〉（旅の民俗と歴史6、八坂書房）

昭和六三年（一九八八）

『海の道』（旅の民俗と歴史10、八坂書房）

平成元年（一九八九）

『吉野西奥民俗採訪録』(宮本常一著作集34、未来社)『郷土の歴史とは何か
――東和町・郷土大学講義録』(東和町)

平成四年(一九九二)

『瀬戸内海の研究』(『瀬戸内海の研究Ⅰ』の再版、未来社)『越前石徹白民俗誌・その他』(宮本常一著作集36、未来社)

平成五年(一九九三)

『宮本常一』(ちくま日本文学全集53、筑摩書房)『河内国(かわちのくに)滝畑左近熊太翁旧事談』(宮本常一著作集37、未来社)『生業の歴史』(日本民衆史6、未来社、『生業の推移』(河出書房新社)を改題・再刊)『民俗学の旅』(講談社学術文庫)

平成六年(一九九四)

『周防大島を中心としたる海の生活誌』(宮本常一著作集38、未来社)

解　説

網野　善彦

私は宮本常一氏から直接、教えをうけたことがほとんどない。最初にお目にかかったのは、一九五〇年から私の勤務することになった日本常民文化研究所の月島分室であったことは間違いなく、ときどきこの分室に姿を見せた宮本氏の日に焼けた明るい笑顔は、私の目に焼きついている。しかしそのときの同僚速水融氏や江田豊氏が宮本氏の能登調査に同行し、強烈な影響を受けたような幸福な機会には、私はついに恵まれなかった。

一九五五年にこの月島分室が活動を停止してからは、お目にかかることも全くなかったが、そのころ、漁業、海民についてほそぼそと勉強していた私は、松浦党にふれた宮本氏の調査報告「五島列島の産業と社会の歴史的展開」（『西海国立公園候補地学術調査書』一九五二年、長崎県）を読み、ようやく『海に生きる人びと』に辿りついて宮本氏の学問に強く魅きこまれ、その著作を乱読するようになっていった。

　そしてそれを媒介してくれたのも、やはり月島分室の同僚河岡武春氏であった。一九六〇年ころ、私の住んでいた芦花公園の団地にしばしば訪れ、夜を徹して宮本氏とその仕事について熱っぽく語ってやまなかった河岡氏によって、私は徐々に、民俗学の世界に目をひらかれていったのである。

　そして名古屋に移ってから、やはり河岡氏の誘いで日本塩業研究会に出席するようになり、その総会が高松で開かれたとき、私は始めて宮本氏と同席し、短時間ではあれ、学問上の教えを受けることができたが、そのような機会は、ついに二度とめぐってこなかった。

　しかしただ一回、宮本氏が直接私に電話を下さったことがある。私が名古屋大学を辞め、かつて月島分室の時代に借用したまま、四半世紀を経過し、多くの方々に多大な御迷惑をおかけした古文書の返却を主要な仕事とすべく、日本常民文化研究所を招致した神奈川大学の短期大学部に転職することの決った一九八〇年のことで、私の転勤を喜ばれ、「これで地獄からはい上れる」といわれた宮本氏の声は、いまも耳について離れない。

　自らの借用された文書が返却されぬまま放置されていることに、宮本氏がどれほど心を痛めておられたかを痛切に感じ、私はそれを強く心に刻みこんだ。現在まで約十五年、どうやらその仕事を達成することのできたのは、一つには宮本氏のこうした思いに支えられてのことであったが、この電話が私の聞いた宮本氏の最後の声であった。

　このように、私は民俗学に関しては全く晩学の素人であり、宮本氏とのお付合いも少く、その著作のすべてを読破したわけでもない怠け者で、こうした解説を書くなど全く僭越の沙汰であるのは間違いないが、『日本文化の形成』三巻の出版に情熱を注いでこれを実現し、後に心を残しながら昨年、急逝した〝そしえて〟の社長大谷高一氏が、本書の親本の「出版にいたるいきさつ」で記しているように、私は本来、宮本氏が書かれるはずであった『東と西の語る日本の歴史』を、この『日本文化の形成』の代りにいただいた形になっているのである。その提案をしたとき「先生は、ちょっと心残りな顔をなさった」と大谷氏が書いている通り、もしも宮本氏がこのテーマで執筆を完成しておられたら、私の拙い書などより、はるかに大きなスケールのすぐれた著書が誕生したに相違ない。

　しかしそれはついに実現しなかった。また、大谷氏の強い思い入れにも拘らず、三巻本を一冊とする体裁をとったためもあってか、親本の売れ行きはいま一つで、大谷氏自身、形を変えた再刊を考えておられたが、それを果しえぬことに心を残しながら、世を去られた。そしていま、大谷氏の事業をうけついだ大谷夫人の決断によって、本書はこのような形で再び世に出ようとしている。その資格もない私が、あえて本書の解説をお引受けしたのはこうした事情からなので、その点、読者の御諒解を得ておきたいと思う。

本書は一九七九年の夏、宮本氏が大谷氏に渡された原稿に、「海洋民と床住居」を付して構成されている。一九七八年夏、宮本氏は「ライフワークとして『日本文化の形成』というテーマで、三冊本ぐらいのものをまとめたい。最初の巻は〝農耕の起源〟で、これは〝そしえて〟から、あとの二冊は未来社から出したいのだが」と、大谷氏に語っている。

この「遺稿」はその『農耕の起源』の一部に相当するが、宮本氏はなお原稿を書き足しており、その構想はこれだけを読んでも明らかなように〝海から見た日本〟に視野をひろげていたと、大谷氏はのべている。この視点は、島を「離島」ととらえていた、一九六〇年代前半までの宮本氏の見方とは基本的に異っており、晩年の宮本氏の学問の深化をうかがうことができよう。

「遺稿」を内容的に見ると、「講義」されたものをまとめた上巻、中巻と重複するところが多いとはいえ、原稿として書き下されただけに、三章ともに論旨は明快で、宮本氏の見方、視点はより直截的にわれわれに伝わってくる。

民俗学の世界では、民俗学者は文献に頼ってはいけないとされ、ときには文献史料は読んではならないとすらいわれたことがあったと聞いている。それは自己を十分に確立しないまま、また文献史料の扱い方を知らないままで、文献に頼ろうとする姿勢に対するきびしい警告とうけとることができる。

しかし、私は本書を読んで、民俗学者としての姿勢を徹底して貫き、広い調査、フィールドワークを積み重ね、民俗・民具資料についての深い造詣を持つ人が文献に接したときに、どれほど豊かなものをそこから汲みとり、またそれに触発されることによって、文献のみに閉じこもっている研究者には到底思いつくことのできない、すぐれた新しい発想を展開しうるのかを、よく知ることができた。

まさしく本書は、民俗学者の中の民俗学者ともいうべき宮本氏が、『古事記』『日本書紀』『万葉集』『風土記』などの古代史の文献を読み返し、本書（ちくま学芸文庫版）で御子息の千晴氏がのべておられるように「本が真赤になるほど朱筆を入れ」るというそれらとの格闘の結果、生まれた卓抜な「日本文化論」であり、長年にわたって列島各地の民俗を歩いて調査し、民具を知悉した宮本氏ならではの着想、汲めども尽きない豊かな示唆（しさ）がそこにはふくまれている。

例えば、近年の考古学の発掘成果によって、列島の社会はただ一方的に朝鮮半島・中国大陸の文化を受容してきただけでなく、済州島（チェジュド）などを媒介として双方の間で活発な交流が展開しており、また西方からだけでなく、北方世界・南方世界との交流もまた「日本文化」にとって重要な意味を持っていたことが明らかにされつつあるが、宮本氏は早くもそれを見通し、これまでとは大きく異なる、まさしく海を通じての各地域の内外の交流の中で、「日本文化」をとらえようとしているのである。

それは列島の諸地域のそれぞれに形成された豊かな個性を明らかにする道をひらき、とかく大和（やまと）、京都、あるいは鎌倉などの政治の中心から歴史を見がちだった日本史像、水田の開かれた地域を先進地域とし、山や海に関わる地域を頭から後進地域と見る日本社会像を根本的に修正する確固たる視点を築くことになっているが、これはくまなく列島の各地を歩いてきた宮本氏によってはじめてなしえたことといえよう。

そして実際、「倭人（わじん）」について本書で展開された宮本氏の独自な見解は、近年のアジアの中で日本をとらえようとする文献史学の諸研究の発展の中で実証されつつあり、北方世界との関わりについても、考古学のみならず、文献史学の側からも多くの新たな事実が明らかにされている。

もしも、余人の追随し難い力量を持つ宮本氏に、さらなる長い天寿が与えられ、こうした文献史学・考古学の成果に接して中世・近世まで視野を拡げつつ、この〝海から見た日本〟を宮本氏が完成させていたならば、それは日本人の正確な自己認識のために測り知れない寄与をしていたに相違ないが、もはやそれは永遠に叶わぬくり言でしかない。

民俗学・考古学・文化人類学・文献史学等の分野を問わず、いま、われわれ学問に携わるものは、宮本氏が最後の生命力を燃焼させ、渾身の力をこめて、語り、書いた、この貴重な贈物を大切に受けとめ、その示唆のすべてを残りなく吸収しつつ、宮本氏が果そうとしてついになしえずに終った、新たな日本文化論、日本社会論を自らの力で展開し、それを描き切るべく、それぞれに全力をあげなくてはなるまい。

そしてそのさい、われわれは宮本氏には遠く及ばないとしても、それぞれの道の「達人」となるべく、自らの分野の資料・史料に即した研鑽を積みつつ、他の学問分野に対し、常にひらかれた目を持ち、貪欲にその成果を吸収する努力を怠りなく続ける必要があろう。

これらの諸学の緊密な協力なしに、さきのような巨大な課題が達成しえないことは、だれの目にも明らかであるにも拘らず、現実にはなお多くの問題が残されているが、宮本氏が本書で示したような姿勢をそれぞれが堅持するならば、必ず障害は乗りこえられるに相違ない。新たな世界の入口をひらいて逝った宮本氏が生きておられたら、「なかなかよくやっとる」と呵々大笑されるような仕事を、残された時間で僅かでもなしとげるために、私もさらに努力することを心に期し、拙ない解説を終えることとしたい。

校訂にあたって

渡部　武

宮本常一先生の遺稿『日本文化の形成』は、私にとっても忘れがたい書物である。先生は最晩年にライフワークの総決算として、日本列島にどのような人びとが先住あるいは渡来し、彼らがいかなる文化を形成してきたかを解き明かそうとしておられた。それはあたかも一篇の長大な叙事詩を紡ぎ出すような営みの開始でもあった。

その準備として、当時先生が所長を務めておられた近畿日本ツーリスト日本観光文化研究所（通称「観文研」、現在の「旅の文化研究所」の前身）で、所員に向けて月に一度、第二金曜の夕刻に講義が行われた。最初は江戸期から明治期にかけての旅行記を、先生独自のフィールドワーク体験を交えながら話された。ご子息千晴氏の覚え書きによると「古川古松軒（こしょうけん）の『東遊雑記（とうゆうざつき）』からはじまって、曾良（そら）の日記と『奥の細道』がはさまり、菅江真澄（すがえますみ）の『遊覧記（ゆうらんき）』、野田泉光院（せんこういん）の『日本九峰修行日記』、河井継（つぐ）

之助『塵壺』、菱屋平七『筑紫紀行』、イザベラ・バード『日本奥地紀行』、ケンペル『江戸参府旅行日記』、シーボルト『江戸参府紀行』と続いて、モースの『日本その日その日』でひとまず終わった」とのことである。この連続講義「旅人たちの歴史」のいくつかは私自身も拝聴したことがあり、後にテープから起こされて単行本になったものもある。この一連の講義は、外見的には旅人の著作の解説ではあるが、実質的には先生独自の見聞を踏まえた日本文化論でもあった。たとえば、一見単調きわまりない泉光院の日記も先生の手にかかると不思議な精彩を放ち、泉光院が活躍していたころの地方の暮らしぶりが見事に再現され、いつの間にか先生ご自身の体験談にすり替わることもしばしばであった。

　この「旅人たちの歴史」を一段落させてから、つぎに先生は「日本文化形成史」の講義に着手された。その時期は昭和五四年（一九七九年）七月から翌年の九月までで、都合一一回の講義が実施された。そして講義終了のその年の一二月に入院、明けて昭和五六年（一九八一年）一月三〇日に逝去されるのである。病名は胃ガンであった。お若いころに肺結核を患ったことがあり、その後遺症を封じ込めるために抗生物質を長期にわたって使用されたことが、ガンを誘発させる一因となった。このことは逝去後にアサ子夫人より直接知らされた。

全一一回におよぶ講義「日本文化形成史」は、画家の作業に喩えるならば、きわめて粗削り（あらけず）で力勁い（ちからづよ）輪郭線で描いたデッサンに相当する。先生はこの講義を踏まえて、納得の行く著書『日本文化の形成』を完成する予定であった。講義に先立って、その原稿の一部分はすでに書き下ろされていた。その原稿が未定稿のまま中断されていたのには理由がある。全体像を描ききるための最後の線引きに、まだ若干の迷いがあったからである。しかしながら、講義を進めていく過程でそうした問題点は解消され、先生は確固たる見通しを得て原稿用紙に向かおうとしておられた。その矢先に病魔が立ちふさがり、ついに原稿は完成される機会を永遠に失ってしまったのである。

周知のように先生は座談の名手であると同時に、きわめて多作の民俗学者でもあった。問題の本質がどのあたりに所在し、どのようにアプローチしたならば解決の糸口を得ることができるのか、豊富な体験と実例を列挙しながら諄々（じゅんじゅん）と説き、その言葉はそのまま原稿にできるほど洗練されていた。また、その温容からときどき発せられる口癖「われわれが気がつかない、つい見落としてしまうことの中に、大事な歴史があると思うんです」によって、未来に向かって生きていく上で、われわれに多くの貴重な指針を与えてくださった。これが先生の魅力のひとつでもあった。したがって、先生はご自分を必要とする所からの要請があると、労を惜しむことなく講演、助言に東奔西走し、あるいは健筆を揮われた。生前よく口にしておられたことであるが、ほとんどの著作はそのような要請に応えるために執筆し、ご自分の意志でどうしても書いておきたいと思われた原稿は、『瀬戸内海の研究』（学位論文）を含めてわずかしかないとのことであった。

『日本文化の形成』は、宮本先生がどうしても書き残しておきたかった最後の書物であった。先生の死によってその壮図は中断されてしまったが、前述の観文研での講義記録以外に、晩年に各種のシンポジウムなどで報告された記録等を照応してみることで、先生の意図するところは八割かた満たすことができることが判明した。そこで宮本千晴氏の責任編集の下に、観文研の所員および武蔵野美術大学の関係者など多くの方々の協力を得て、ほぼ一年後に『日本文化の形成』全三冊（四六判、全八九六頁、一九八一年一二月刊）が「そしえて」という都内の出版社から刊行された。その内容は以下のとおりである。

第一冊　講義1（Ⅰ縄文の後裔、渡来人と稲作、征服王朝と祭祀王朝／Ⅱ竪穴のくらしと土蜘蛛、稲作と鉄、短粒米と長粒米・稲作の広がり、倭の風俗、倭と大和朝廷／Ⅲ大陸と列島弧、古代アジアの農耕、騎馬民族の渡来／Ⅳ焼畑と狩猟、農耕と秦氏の役割／Ⅴ伝来農耕文化と機織の技術、

畑作の諸相）

第二冊　講義2（Ⅵイモと畑作、農具としての鉄／Ⅶ根栽植物と雑穀と日本文化、北の文化ベルト、農耕技術と文化／Ⅷ稲の道――渡部忠世氏『稲の道』にふれて――、農耕における南と北〈文化の複合〉――中尾佐助氏「照葉樹林文化」論にふれて――／Ⅸ環境考古学の周辺――安田喜憲氏『環境考古学事始』にふれて――、家畜と農耕――民博シンポジウムから――／Ⅹ銅と日本文化／Ⅺ日本文化と生産基盤／付　瀬戸内海文化の系譜）

第三冊　遺稿（目次省略。巻末に米山俊直氏の「『日本文化の形成』全三冊に寄せて」、田村善次郎・宮本千晴両氏の「あとがき」、そしえて社主大谷高一氏の「出版にいたるいきさつ」、および『生活学会報』第一八号、宮本常一追悼号より転載増補した「宮本常一年譜」を掲載）

観文研での一一回の講義が第一、二冊目に、また書き下ろしの遺稿（付・海洋民と床住居）が第三冊目にそれぞれ収められている。このうち前者の講義が特に精彩を放っており、魅力的でしかも読者に知的興奮を喚起させる。観文研での講義は学会やシンポジウムでの報告とは異なり、おおむね向学心旺盛な若者を対象としていたので、先生はきわめてくつろいだ気分で饒舌に講義を進められた。本書には所員と先生との間に交わされた質疑応答も収められ、当時の講義の雰囲気がじつによく再現されている。

確かに講義は読んで面白いし、裨益するところが大なのであるが、内容に重複や引用史料の再確認すべきところが多々ある。もし先生がもう数年ご健在であったならば、たぶん第三冊目の遺稿は全面的に書き改められ、この講義録は刊行されなかったかも知れない。初版のそしえて版は、ともかくも遺稿の刊行を急いでいたこともあって、瑕瑾を残したままの公刊となった。

ところで、そしえては一時期社会科学系の良書を出版する良心的な出版社であったが、経営上の理由で廃業のやむなきに至り、やがて先生の『日本文化の形成』は古書店でも入手が困難となっていった。私の記憶によれば、たぶん平成五年(一九九三年)の秋であったと思うが、武蔵野美術大学の田村善次郎氏より本書の再版についての相談を受けた。相談の内容は、本書を筑摩書房のちくま学芸文庫に収めるにあたり、初版の誤植や事実関係の誤りを訂正したいというものであった。もちろん私に異存はなく、この作業は日本関係の記事については田村氏と香月洋一郎氏(現神奈川大学教授)が、そして中国関係記事については私がそれぞれ修訂を行った。当時、ちくま学芸文庫の編集担当者は高木昭氏で、彼は新版『柳田國男全集』の編集にも関与していたので、民俗学方面にきわめて精通していた。

　このようにして第二版『日本文化の形成』ちくま学芸文庫本（全三冊、一九九四年刊）が誕生した。第二版と初版との違いは、気になっていた初版の誤植が訂正されたことと、引用史料の再確認がなされたことである。ただし、先生ご自身の史料や事実関係の誤認については、修訂を加えると文脈まで変更せざるを得なくなるので、「文庫版注」という形で注記することにした。また上冊に香月氏の解説・索引、中冊に佐々木高明氏の解説・索引、下冊に網野善彦氏の解説・全冊の総索引・平成六年（一九九四年）まで増補した年譜が、それぞれ新たに付け加えられた。

　修訂作業を行う過程でしみじみ思ったのであるが、宮本先生の博覧強記（はくらんきょうき）ぶりは群を抜いており、さながら歩く図書館のようで、晩年に至るまでそのご記憶は衰えることはなかった。とくに古代文献で愛読しておられたのは、『古事記』、『日本書紀』、『風土記（ふどき）』、『万葉集』および『延喜式（えんぎしき）』であった。『万葉集』については、ほぼ全歌を諳（そら）んじておられたのではなかろうか。また『延喜式』を重視したのは、渋沢敬三氏の影響によるもので、その知識は平城京出土の木簡（もっかん）解読に遺憾なく発揮された。先生の史料の読み方は幅広いフィールドワークに裏付けられており、小さな縄張り（なわばり）の中で安住する文献研究者には到底思いもつかない発想をされることがある。その柔軟性が宮本民俗学の真骨頂(しんこっちょう)であり、先生ご自身も講義の中で以下のように述べておられる。「大事なことは定説を破るということなんだと思うのです。定説というのは迷信であって、本当の学説ではないんだと。定説にしばられると学問は停滞していくものなんだと」(中冊、一八六頁)。

最後にこの学術文庫版『日本文化の形成』について触れておきたい。本書は第三版に相当するのであるが、残念ながら講義の部分は省略してある。底本としたのは基本的にちくま学芸文庫の下冊である。ただし本文中の写真図版、巻末の米山・田村・宮本三氏のあとがき、および索引は削除した。それ以外は目立った変更はないが、読者の便宜を考えて、地名・書名・人名などの固有名詞については、できるだけルビを多く付すように努めた。

(東海大学教授)

本書は、『日本文化の形成』遺稿（一九八一年一二月、そしえて刊）及びちくま学芸文庫『日本文化の形成』下（一九九四年四月、筑摩書房刊）を底本としました。

宮本常一（みやもと　つねいち）

1907年，山口県に生まれる。天王寺師範学校卒。武蔵野美術大学教授。文学博士。日本観光文化研究所所長。著書は『宮本常一著作集』（既刊44巻）『私の日本地図』（15巻），学術文庫に『民間暦』『ふるさとの生活』『庶民の発見』『民俗学の旅』『塩の道』『イザベラ・バードの旅』他多数。1981年没。

講談社学術文庫

定価はカバーに表示してあります。

にほんぶんか　けいせい
日本文化の形成

みやもとつねいち
宮本常一

2005年7月10日　第1刷発行
2018年11月12日　第23刷発行

発行者　渡瀬昌彦
発行所　株式会社講談社
東京都文京区音羽2-12-21 〒112-8001
電話　編集（03）5395-3512
販売（03）5395-4415
業務（03）5395-3615
装　幀　蟹江征治
印　刷　豊国印刷株式会社
製　本　株式会社国宝社
本文データ制作　講談社デジタル製作

ISBN4-06-159717-5

「講談社学術文庫」の刊行に当たって

これは、学術をポケットに入れることをモットーとして生まれた文庫である。学術は少年の心を養い、成年の心を満たす。その学術がポケットにはいる形で、万人のものになることは、生涯教育をうたう現代の理想である。

こうした考え方は、学術を巨大な城のように見る世間の常識に反するかもしれない。また、一部の人たちからは、学術の権威をおとすものと非難されるかもしれない。しかし、それはいずれも学術の新しい在り方を解しないものといわざるをえない。

学術は、まず魔術への挑戦から始まった。やがて、いわゆる常識をつぎつぎに改めていった。学術の権威は、幾百年、幾千年にわたる、苦しい戦いの成果である。こうしてきずきあげられた城が、一見して近づきがたいものにうつるのは、そのためである。しかし、学術の権威を、その形の上だけで判断してはならない。その生成のあとをかえりみれば、その根は常に人々の生活の中にあった。学術が大きな力たりうるのはそのためであって、生活をはなれた学術は、どこにもない。

開かれた社会といわれる現代にとって、これはまったく自明である。生活と学術との間に、もし距離があるとすれば、何をおいてもこれを埋めねばならない。もしこの距離が形の上の迷信からきているとすれば、その迷信をうち破らねばならぬ。

学術文庫は、内外の迷信を打破し、学術のために新しい天地をひらく意図をもって生まれた。文庫という小さい形と、学術という壮大な城とが、完全に両立するためには、なおいくらかの時を必要とするであろう。しかし、学術をポケットにした社会が、人間の生活にとってより豊かな社会であることは、たしかである。そうした社会の実現のために、文庫の世界に新しいジャンルを加えることができれば幸いである。

一九七六年六月

野間省一

文化人類学・民俗学

柳田國男著（解説・田中宣一）
年中行事覚書
人々の生活と労働にリズムを与え、共同体内に連帯感を生み出す季節の行事。それらなつかしき習俗・行事の数々に民俗学の光をあて、隠れた意味や成り立ちを探る。日本農民の生活と信仰の核心に迫る名著。

124

柳田國男著（解説・中島河太郎）
妖怪談義
河童や山姥や天狗等、誰でも知っているのに、実はよく知らないこれらの妖怪たちを追求してゆくと、正史に現われない、国土にひそむ歴史の真実をかいまみることができる。日本民俗学の巨人による先駆的業績。

135

白川　静著
中国古代の民俗
未開拓の中国民俗学研究に正面から取組んだ労作。著者独自の方法論により、従来知られなかった中国民族の生活と思惟、習俗の固有の姿を復元、日本古代の民俗的事実との比較研究にまで及ぶ画期的な書。

484

鶴見和子著（解説・谷川健一）
南方熊楠（みなかたくまぐす）
南方熊楠——この民俗学の世界的巨人は、永らく未到のままに聳え立ってきたが、本書の著者による満身の力をこめた独創的な研究により、ようやくその全体像を現わした。〈昭和54年度毎日出版文化賞受賞〉
528

谷川健一著（解説：宮田　登）
魔の系譜
正史の裏側から捉えた日本人の情念の歴史。死者の魔が生者を支配するという奇怪な歴史の底流に目を向け、呪術師や巫女の発生、呪詛や魔除けなどを通して、日本人特有の怨念を克明に描いた魔の伝承史。

661

宮本常一著（解説・田村善次郎）
塩の道
本書は生活学の先駆者として生涯を貫いた著者最晩年の貴重な話——「塩の道」「日本人と食べ物」「暮らしの形と美」の三点を収録。独自の史観が随所に読みとれ、宮本民俗学の体系を知る格好の手引書。

677

《講談社学術文庫　既刊より》

文化人類学・民俗学

悲しき南回帰線（上）（下）
C・レヴィ＝ストロース著／室　淳介訳
「親族の基本構造」によって世界の思想界に波紋を投じた著者が、アマゾン流域のカドゥヴェオ族、ボロロ族など四つの部族調査と、自らの半生を紀行文の形式でみごとに融合させた「構造人類学」の先駆の書。
711・712

民間暦
宮本常一著（解説・田村善次郎）
民間に古くから伝わる行事の底には各地共通の原則が見られる。それらを体系化して日本人のものの考え方、労働の仕方を探り、常民の暮らしの折り目をなす暦の意義を詳述した宮本民俗学の代表作の一つ。
715

ふるさとの生活
宮本常一著（解説・山崎禅雄）
日本の村人の生き方に焦点をあてた民俗探訪。祖先の生活の正しい歴史を知るため、戦中戦後の約十年間にわたり、日本各地を歩きながら村の成立ちや暮らしの仕方、古い習俗等を丹念に掘りおこした貴重な記録。
761

庶民の発見
宮本常一著（解説・田村善次郎）
戦前、人々は貧しさを克服するため、あらゆる工夫を試みた。生活の中で若者をどう教育し若者はそれをどう受け継いできたか。日本の農山漁村を生きぬいた庶民の内側からの目覚めを克明に記録した庶民の生活史。
810

日本藝能史六講
折口信夫著（解説・岡野弘彦）
まつりと神、酒宴とまれびとなど独特の鍵語を駆使して藝能の発生を解明。さらに田楽・猿楽から座敷踊りまで日本の歌謡と舞踊の歩みを通観。藝能の始まりと展開を平易に説いた折口民俗学入門に好適の名講義。
994

新装版**明治大正史　世相篇**
柳田國男著（解説・桜田勝徳）
柳田民俗学の出発点をなす代表作のひとつ。明治・大正の六十年間に発行されたあらゆる新聞を渉猟して得た資料を基に、近代日本人のくらし方、生き方を民俗学的方法によってみごとに描き出した刮目の世相史。
1082